**Das große Ravensburger
Bilderlexikon von A–Z**

Das große Ravensburger Bilder Lexikon von A–Z

Ravensburger Buchverlag

Inhalt

Ägypten 8
Amphibien 10
Aras und Papageien 12
Arktis und Antarktis 14
Auto 16

Bahn 18
Bauernhof 20
Bäume 22
Bäume aus aller Welt 24
Baumaschinen 26
Bauwerke 28
Berufe 30
Besondere Tiere 32
Blumen 34

Delfine 36
Dinosaurier 38
Dinosaurier – Meeres- und Flugsaurier 40

Erde 42
Erfindungen 44

Fahrzeuge 46
Farben 48
Fernsehen 49

Feuerwehr 50
Flughafen 52
Flugzeuge und Hubschrauber 54
Fluss und Bach 56
Fortpflanzung 58
Fossilien 59

Gemüse 60
Getreide 62
Gewürze 63
Griechen 64

Hafen 66
Haie 68
Häuser in aller Welt 70
Haustiere 72
Hochgebirge 74
Höhlen 76
Hunde 78

Indianer 80
Insekten 82

Jahreszeiten 84

Katzen 86
Krokodile und Echsen 87
Kühe und Rinder 88

Lastwagen 90
Leben in der Erde 92
Luftschiffe und Ballons 94

Menschlicher Körper 96
Meteore und Kometen 98
Mond 100
Musikinstrumente 102

Naturphänomene 104

Obst 106
Ozean 108

Pferde 110
Pflanzen im Garten 112
Pilze 113
Polizei 114

Raumfahrt 116
Regenwald 118
Reptilien und
   Spinnentiere 120
Ritterburg 122
Römer 124

Savanne 126
Schiffe 128
Seefahrer 130
Seeräuber und Piraten 132
See- und
   Meeresfische 134
Sonne 136
Sonnensystem 138
Sportarten 140
Spuren der Tiere 142
Stadt 144
Stammbaum der Tiere 146
Strand 147
Stromerzeugung 148
Sumpf und Moor 150

Tarnung der Tiere 152
Teich 154
Theater 156
Tiere in der Nacht 158
Tunnels und Brücken 160

Uhren 162
Urzeitmenschen 164
Urzeittiere 166

Vögel am Wasser 168
Vögel auf dem Land 170
Vulkane
   und Erdbeben 172

Wald 174
Wale 176
Wasserkreislauf 178
Wetter und Wolken 180
Wiese 182
Wikinger 184
Wohnungen der Tiere 186
Wüste 188

Zugtiere 190

Mach mit! 192
Rätselschatzkarte 194
Gedicht 196
Bildersuchrätsel 198
Worterklärungen 200
Probier's aus! 204
Leserätsel 206
Internetadressen 208
Hast du das gewusst? 210
Register 211

In diesem Buch haben sich 13 Buchstaben X versteckt. Finde sie und trage sie in die Rätselschatzkarte auf Seite 194/195 ein. Wie lautet das Lösungswort?

Ägypten

Vor etwa 5000 Jahren entwickelte sich im fruchtbaren Niltal in Afrika die ägyptische Hochkultur. Ihre Herrscher, die Pharaonen, ließen prächtige Tempel und Pyramiden erbauen. Pyramiden dienten als riesige Grabkammern. Da der Bau 20 bis 30 Jahre dauerte, begann man damit schon zu Beginn ihrer Regentschaft. Steinmetze schlugen riesige Quader aus dem Stein. Diese wurden auf Holzrollen zur Rampe gezogen und dann nach oben transportiert.

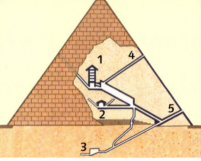

Die 137 m hohe Cheopspyramide bei Gise im Querschnitt:

Königskammer im Zentrum (1), Königinnenkammer (2), Felsenkammer (3), Luftschacht (4), Eingang an der Nordseite (5)

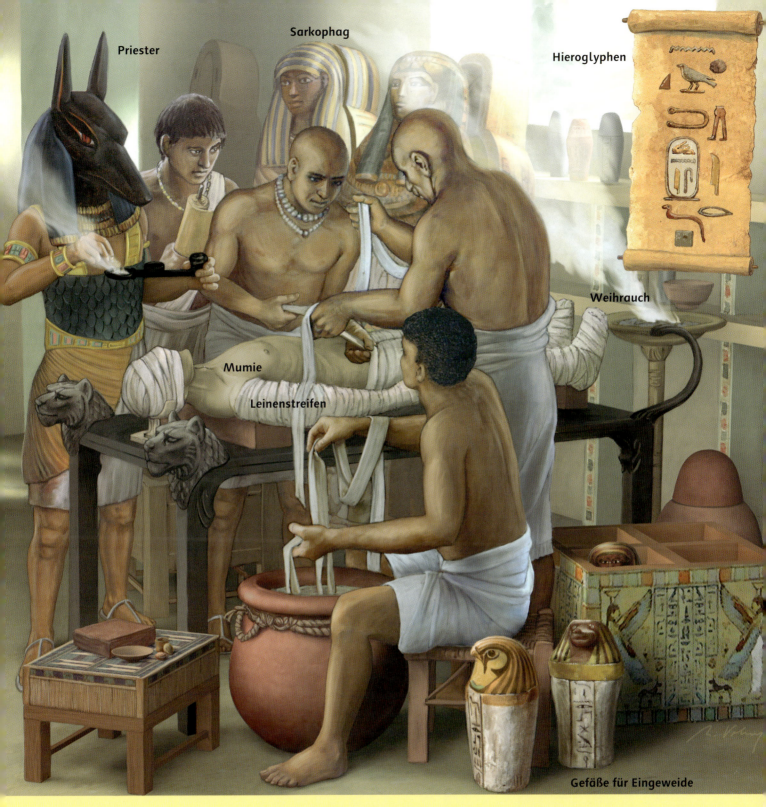

Mumien

Die Ägypter glaubten an ein Leben nach dem Tod. Um ewig weiterleben zu können, ließen sie ihren Körper nach dem Tod einbalsamieren. Denn nur in einem unversehrten Körper konnten sich Körper und Seele wieder vereinigen und weiterleben.

Ein Priester mit der Maske des Gottes Anubis beaufsichtigte die Zeremonie. Dabei verbrannte man Weihrauch. Dem toten Pharao entnahm man das Gehirn und alle Organe. Diese legte man in besondere Gefäße. Anschließend wurde der Tote in Natronsalz gelegt, um auszutrocknen. Die Mumie umwickelte man mit in Harz getränkten Leinenstreifen. Dazwischen wurden Amulette gelegt. Sie sollten im Leben nach dem Tod Glück bringen. Die Mumie wurde in einen Sarkophag gelegt. Ägyptische Schriftzeichen, die Hieroglyphen, auf dem Sarkophag berichteten über das Leben des Pharao.

Amphibien

Frösche, Kröten, Unken, Salamander und Wassermolche gehören zu den Amphibien. Das ist ein anderes Wort für Lurche. Diese Tiere können sowohl im Wasser als auch auf dem Land leben. Sie sind überall außer in den Polarregionen anzutreffen.

Die Entwicklung der Frösche
Die meisten Frösche pflanzen sich im Wasser fort. Die Weibchen legen Froschlaich (1) ab. Aus ihnen entwickeln sich Kaulquappen (2). Sie atmen wie die Fische unter Wasser mit Kiemen.

Wenn sie etwas älter sind, wachsen ihnen Gliedmaßen und es bilden sich Lungen (3). Einige Wochen nach dem Schlüpfen verlässt der junge Frosch das Wasser (4). Sein Schwanz wird kleiner und verschwindet bald ganz.

Frösche, Kröten und Unken

Der Teichfrosch kann bei der Jagd seine lange Zunge sehr schnell ausklappen. Der Laubfrosch hat einen schlankeren Körper als im Wasser lebende Frösche. Der auffällig gefärbte tropische Pfeilgiftfrosch ist giftig. Im Gegensatz zu Fröschen haben Kröten eine plumpere Gestalt, kurze Hinterbeine und eine warzige Haut. Die Aga-Kröte jagt nachts nach Insekten. Bei der Geburtshelferkröte trägt das Männchen die befruchteten Eier drei Wochen mit sich herum, bevor es diese ins Wasser bringt.

Die Gelbbauchunke zeigt bei Gefahr ihren gelben Bauch und sondert eine ätzende Flüssigkeit ab. Sie lebt von Insekten und Schnecken.

Andere Teichbewohner wie der Kamm-Molch und der Feuersalamander gehören zu den Schwanzlurchen. Der Olm besitzt Lungen und Kiemen und kann an Land und unter Wasser atmen.

Grünflügelara

Aras und Papageien

Man kennt die lebhaften Vögel aus Zoos und Vogelparks. Viele Arten sind bunt gefärbt. Papageien können gut klettern. An ihren Füßen haben sie vier Zehen. Davon sind zwei nach vorne und zwei nach hinten gerichtet. Damit können sich die Vögel gut an Zweigen festklammern. Manchmal dient auch der Schnabel der Papageien als „dritter Fuß". Seine wichtigste Aufgabe ist aber das Knacken von Samen und Früchten. Papageien leben in Amerika, Afrika, Australien und Asien. Manche entflogene Papageien brüten auch in Europa in freier Natur.

Papagei-Gruppen
Es gibt unter anderem Kleinpapageien, Eigentliche Papageien, Prachtsittiche, Loris,

Hyazinthara
Ararauna
Arakanga
Soldatenara

Wellensittiche, Nestorpapageien und Kakadus. Aras sind die größten aller Papageien. Wellensittiche kann man im Haus halten. Man sollte sich aber mit der Pflege gut auskennen und sie immer nur paarweise halten. Papageien brauchen regelmäßig Futter und einen geräumigen Käfig.

Aras
Aras werden 80 bis 95 cm lang. Der Hyazinthara wird sogar bis zu 1 m lang. Es gibt sehr viele Ara-Arten. Fast alle leben in den Urwäldern Mittelamerikas und im Norden Südamerikas. Der Rücken des Ararauna oder Gelbbrustara ist blau und seine Unterseite gelb gefärbt. Der

Arakanga (Hellroter Ara) und der Grünflügelara (Dunkelroter Ara) gehören zu den buntesten Papageien. Der Soldatenara hält sich am liebsten im Regenwald auf.
Aras brüten in Baumhöhlen und legen zwei Eier. Mit ihrem kräftigen Schnabel können sie selbst harte Schalen gut knacken.

Eisbären bringen ihre Jungen in Schneehöhlen zur Welt.

Das Horn am Kopf des männlichen Narwals kann bis zu 3 m lang werden.

Der Polarfuchs ist im Sommer braun, im Winter weiß.

Arktis und Antarktis

Die kältesten Regionen der Erde sind die Polargebiete. Hierzu zählen der Nord- und der Südpol. Der Nordpol, auch Arktis genannt, liegt inmitten des immer zugefrorenen Nordpolarmeers. Der Südpol (Antarktis) ist ein Kontinent und besteht aus einer großen Landmasse mit bis zu 5200 m hohen Bergen. Die Eismassen bilden Gletscher, die sich ins Meer hineinschieben, abbrechen und als riesige, für die Schifffahrt gefährliche Eisberge davondriften. Der größte Teil des Süßwassers auf der Erde ist in den Eismassen der Antarktis gefroren.

Pflanzen und Tiere

Trotz der Kälte gibt es in den Polargebieten eine reiche Tier- und Pflanzenwelt. In der

Möwen schnappen anderen Vögeln oft die Nahrung weg.

Bei den Pinguinen brütet das Männchen die Jungen aus.

Sattelrobbe mit Jungem

Das Walross hat starke, große Eckzähne, die Hauer.

Antarktis wachsen hauptsächlich Flechten, Moose und Algen. In der Arktis gibt es außerhalb der Fels- und Eiswüsten die Tundra. Hier wachsen niedrige Sträucher und Gräser.
Die Tiere schützen sich mit ihrem Fell, einem dichten Gefieder oder einer dicken Fettschicht vor der Kälte.

Der Eisbär hat eine dicke Fettschicht. Die Eisbärenjungen werden von Geburt an mit einer sehr fettreichen Muttermilch gesäugt.
Eisbären, Wölfe, Füchse, Rentiere, Hasen und Lemminge leben nur in der Arktis. Durch ihr oft weißes Fell sind sie in Eis und Schnee gut getarnt.

Pinguine kommen nur in der Antarktis vor. Die Vögel können nicht fliegen, dafür schwimmen und tauchen sie umso besser. Auf der Suche nach Nahrung dringen auch Wale in die Polargebiete vor.
Walrosse haben sehr große Stoßzähne. Sie setzen sie bei Rivalenkämpfen ein.

Auto

Vor etwa 120 Jahren wurden die ersten Autos gebaut. Sie sahen ganz anders aus als unsere Autos heute und waren noch viel langsamer. Aber schon damals wurden sie mit Benzin- oder Dieselmotoren angetrieben.

Die Autoteile

Die wesentlichen Teile eines Autos sind das Fahrgestell, die Karosserie, der Motor und der Antrieb. Das Fahrgestell besteht aus der Federung, den Achsen und den daran befestigten Rädern. Die Karosserie ist die Stahlblechhülle, an die alle anderen Teile montiert werden. Der Antrieb besteht aus Getriebe, Kupplung und anderen Teilen zur Kraftübertragung zwischen Motor und Antriebsrädern. Der Motor befindet sich meist vorne im Auto und treibt

über das Getriebe die Vorder- oder die Hinterräder oder alle vier Räder an.
Autos haben zwischen vier und sechs Gänge sowie einen Rückwärtsgang. Soll das Auto langsam fahren, benutzt man die niedrigen Gänge, will man schneller werden, legt man die höheren Gänge ein.

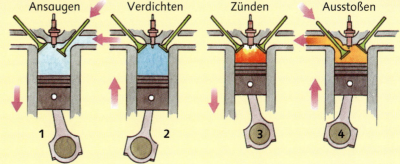

Durch den Viertaktmotor wird das Auto angetrieben. Der Kolben saugt ein Gemisch aus Benzin und Luft in den Zylinder (1), verdichtet es (2) und bringt das Gemisch durch einen Funken aus der Zündkerze zur Explosion (3). Nun drückt der Kolben die Abgase aus dem Zylinder (4).

Bahn

Mit der Bahn können Menschen und Güter über weitere Entfernungen zeitsparend transportiert werden. Die erste deutsche Bahnstrecke führte von Nürnberg nach Fürth. Sie wurde 1835 mit einer Fahrt der Dampflokomotive „Adler" eröffnet.

Diesel- und Elektromotoren treiben moderne Züge an. An Kreuzungen oder Gabelungen werden die Züge über eine Weiche auf ein anderes Gleis geführt. Diese beweglichen Schienenstücke werden vom Stellwerk aus gesteuert.

Die Magnetschwebebahnen, wie zum Beispiel der Transrapid, schweben mithilfe mächtiger Magnete knapp über den Schienen. Sie können bis zu 500 km/h erreichen. In China ist die erste Transrapid-Strecke eröffnet worden.

Intercityexpresszug (ICE)

Dampflokomotive

Die Kohle (1) aus dem Tender (2) wird im Feuerraum (3) verbrannt. Das Feuer erhitzt das Wasser im Wasserkessel zu Wasserdampf (4). Im Dampfdom (5) sammelt sich der Dampf und wird zum Schieberkasten (6) geleitet. Dort treibt der Dampf über die Pleuel (7) die Räder an. Durch die Rauchkammer (8) ziehen die Abgase ab.

Elektrolokomotiven

Der ICE ist ein Hochgeschwindigkeitszug. Zwei starke Elektrolokomotiven treiben ihn an. Aus der Oberleitung wird mit dem Stromabnehmer Fahrstrom entnommen. Transformatoren und Gleichrichter bereiten den Fahrstrom für den Antrieb auf. Ölkühler, Lüfter und Lufteinlässe im Dach verhindern, dass sich die Maschine erhitzt. Die Steuerelektronik überträgt die Befehle vom Fahrpult an die Maschine.

Diesellokomotiven

Der Dieselmotor treibt einen Generator und eine Lichtmaschine an, die Strom für die elektrischen Antriebsmotoren und für Bremsen, Beleuchtung und Steuerung erzeugen. Abgase entweichen durch den Auspuff. Im Tank ist der Dieselvorrat.

Bauernhof

Zu einem Bauernhof gehören neben dem Wohnhaus (1) auch Scheunen für Maschinen (2) und mehrere Tierställe (3). Auf den Feldern (4) werden Feldfrüchte wie Getreide, Mais, Kartoffeln und Rüben angebaut. Der Traktor (5) ist eine kräftige Zugmaschine, an die der Bauer Wagen oder Maschinen anhängen kann. Die Maschinen helfen ihm bei der Feldarbeit. Mit dem Mähdrescher (6) wird das Getreide geerntet. Das Schneidwerk ganz vorn schneidet die Halme. In der Dreschtrommel werden die Getreidekörner von den Halmen getrennt und fallen in den Korntank. Später werden die Körner auf einen Anhänger geladen. Das Stroh wird gleich zu Ballen gepresst und auf den Acker ausgeworfen.

Tierhaltung

Die Wiesen des Bauern liefern Gras und Heu für die Tiere. In riesigen Silos (7) wird das Grünfutter gelagert. Es wird im Winter an die Kühe verfüttert. Viele Bauern halten Kühe (8), Pferde, Schafe (9), Schweine (10), Hühner (11), Enten (12) und Gänse (13). Die Tiere sollen möglichst artgerecht leben. Zum Kuhstall (14) gehört ein Melkstand, in dem die Kühe zweimal täglich gemolken werden. In einem modernen Melkstand können in einer Stunde mehr als 40 Kühe gemolken werden – von nur einer Person. Die Milch wird in der Milchkammer in großen Tanks gelagert und gekühlt, bis sie vom Milchtankwagen in das Milchwerk transportiert wird.

Im Bauerngarten (15) baut die Bäuerin frisches Gemüse, Salat und Blumen an. Viele Bauernhöfe haben einen eigenen Hofladen. Hier werden Gemüse, Eier, Obst, Milch, Käse und Fleisch verkauft.

Bäume

Laubbäume

Laubbäume sind Holzgewächse mit einem festen Stamm, dickeren Ästen und feinen Zweigen. Die Blätter verfärben sich im Herbst und fallen zu Boden. Die Linde und die Eiche können mehr als 1000 Jahre alt werden. Ihr Alter kann man an den Jahresringen im Stamm abzählen. Die Früchte der Eiche nennt man Eicheln.
Die Buche ist in Mitteleuropa am meisten verbreitet. Die Birke erkennt man an ihrer weißen Rinde. Das Holz der Ulme eignet sich gut für Möbel. Die Esche hat gefiederte Blätter. Der Ahorn und die Pappel wachsen schnell. Die Früchte der Rosskastanie sind nicht essbar. Aus den Blüten der Linde stellt man fiebersenkenden Tee her.

Nadelbäume

Die Blätter der Nadelbäume haben eine nadelartige Form. Viele Nadelbäume sind immergrün, das bedeutet, dass sie im Winter ihre Blätter behalten. Die Weißtanne erkennt man an ihrer weißgrauen Rinde. Ihre Zapfen stehen aufrecht. Die Fichte ist der am weitesten verbreitete Nadelbaum Mitteleuropas. Sie kommt in Bergregionen bis zu 2200 m vor. Ihre Zapfen hängen vom Ast. Die Zeder stammt ursprünglich aus den Gebirgen Nordafrikas und Asiens. Aus ihrem Holz lässt sich wohlriechendes Zedernöl herstellen. Die schirmförmige Pinie wächst im Mittelmeerraum. Man kann die Samen ihrer Zapfen essen. Die Kiefer gedeiht wegen ihrer weitverzweigten Wurzeln sowohl im Sandboden als auch im Gebirge. Der Mammutbaum wächst in Kalifornien. Er ist die größte Pflanze der Welt. Die Monterey-Zypresse sieht aus wie eine dichte Pyramide.

Bäume aus aller Welt

Bambus wächst sehr schnell und kann in wenigen Monaten bis zu 30 m hoch werden. Dazu braucht selbst der schnellste Baum mehrere Jahre. In vielen Ländern wird Bambus als Baumaterial genutzt, zum Beispiel als Baugerüste für Wolkenkratzer. Der Banyan-Baum wächst in Indien. Er braucht den meisten Platz unter allen Bäumen. Er lebt auf anderen Bäumen. Von dort aus bildet er Luftwurzeln, die wie ein Vorhang zu Boden fallen. Im Botanischen Garten in Kalkutta steht ein 200 Jahre altes Exemplar, das eine Fläche von etwa 1,5 Fußballfeldern bedeckt. Mangroven wachsen an tropischen Sumpfküsten. Mit langen, verzweigten Stelzwurzeln verankern sie sich fest im schlammigen Boden. Weil das

Sumpfwasser kaum Sauerstoff enthält, haben die Wurzeln Luftröhren. Sie ragen aus dem Wasser und nehmen den Sauerstoff auf. Der Baobab oder Affenbrotbaum saugt sich in der Regenzeit voll Wasser. Der Baumstamm kann dann bis zu 8 m Durchmesser haben. Der Australische Grasbaum ist ein Verwandter der Lilie. Er ist also eigentlich eine Blume, wird aber bis zu 5 m hoch.
Der Mammutbaum kann bis zu 4000 Jahre alt werden und mit einer Höhe von 120 m so hoch wie ein Wolkenkratzer sein.
Die Zwergweide ist mit 10 cm Höhe der kleinste Baum der Welt. Sie wächst im rauen Klima der Arktis. Den Ginkgo gibt es seit 150 Millionen Jahren. Aus seinen Blättern und Samen werden Heilmittel gewonnen. Die Samen der Kokospalme sind die Kokosnüsse. Sie können bis zu einem Kilogramm wiegen. Kokosnüsse sind die schwersten Samen.

Viele Teile von Baumaschinen werden über hydraulische Kraft bewegt. Dabei erzeugt ein dicker Kolben (1) in einem mit Hydrauliköl gefüllten Zylinder (2) sehr großen Druck. Die entstehende Kraft wird auf einen dünneren Kolben (3) übertragen, der zum Beispiel mit einer Baggerschaufel verbunden ist.

Baumaschinen

Vom Aushub des Erdreichs bis zur Fertigstellung des Rohbaus benötigt man viele leistungsfähige Baumaschinen. Das sind fahrbare Geräte, die Löcher graben, das Gelände ebnen, große und schwere Lasten heben und transportieren.

Aufgaben der Baumaschinen

Mit einem Löffelbagger wird die Baugrube ausgehoben. Die Schaufel lädt die Erde auf Lastwagen. Der Kipplaster bringt das Erdreich auf einen Abladeplatz. Mithilfe der hydraulischen Kippvorrichtung hebt sich die Ladefläche nach oben. Dann rutscht die Ladung hinaus.
Um den Baugrund einzuebnen, werden Planierraupen eingesetzt. Mit ihrem Stahlschild schieben sie das Erdreich weg. Manche Teile eines Gebäudes, zum Beispiel Stahlträger oder

Betonplatten, werden an anderer Stelle vorgefertigt. Mit Lastwagen werden sie zu der Baustelle gebracht. Krane heben diese schweren Lasten an eine Stelle, wo sie von Arbeitern zusammengefügt werden. Jedes Gebäude ruht auf einem Fundament. Dieses liegt in einer Grube und ist ein Sockel aus Stahlbeton. Betonmischer bringen ständig frischen Beton auf die Baustelle. Die Spiralen im Innern der Trommel mischen den Beton durch, damit er nicht klumpt. Zum Entleeren lässt der Fahrer die Trommel in die andere Richtung drehen. Dabei fließt der Beton über den Auslauftrichter und die schwenkbare Rutsche hinaus. Beton ist ein Gemisch aus Zement, Sand, Kies und Wasser. Den Baustoff braucht man zum Gießen von Decken oder Wänden. Er wird in Formen gefüllt, die mit Stahlgittern ausgelegt sind. Wenn er getrocknet ist, ergibt er ein sehr festes Material, das man Stahlbeton nennt.

Bauwerke

Die Menschen errichten seit vielen tausend Jahren große und prächtige Bauwerke. Diese dienen als Herrschaftssitze und Grabmale für Könige und Kaiser oder der Verehrung von Gottheiten. Sie sind auch Zeichen von Macht und Reichtum.

Weltberühmte Bauwerke
Die Pyramiden von Gise waren Gräber für die Pharaonen. Auf der Akropolis über der griechischen Hauptstadt Athen steht der Parthenontempel. Im Kolosseum in Rom fanden Gladiatorenkämpfe statt.

In der ehemaligen Kirche Hagia Sophia in Istanbul wurden oströmische Kaiser gekrönt. Der Tempel von Nara in Japan besteht nur aus Holz. In Kambodscha liegt der Tempelpalast Angkor Wat. Die Kreuzfahrer errichteten in Syrien die Burg

Krak des Chevaliers. In Paris steht die gotische Kathedrale Notre-Dame. Mesa Verde sind Siedlungen der Anasazi-Indianer im Südwesten der USA. Das Castel del Monte hat einen achteckigen Grundriss. Der Palast Alhambra befindet sich in der spanischen Stadt Granada. Der Kaiserpalast in Peking umfasst über 800 Gebäude. Die Basilius-Kathedrale steht in Moskau. Tadsch Mahal ist ein indisches Grabmal. Das Brandenburger Tor ist das Wahrzeichen von Berlin. Der bayerische König Ludwig II. ließ Schloss Neuschwanstein errichten. In Barcelona steht die Kirche Sagrada Familia. Für die Pariser Weltausstellung wurde 1889 der Eiffelturm errichtet. Die Moschee in Djenné (Westafrika) ist aus Flusslehm gebaut. Höher als das Taipeh Financial Center in Taiwan (508 m) ist mit 818 m Höhe der Wolkenkratzer Burj Dubai in den Vereinigten Arabischen Emiraten.

Bauer • Schäfer • Jäger • Fischer
Müller • Händler • Tischler
Lehrer • Schmied • Bäcker • Kaminkehrer

Berufe

Diese Berufe gibt es schon lange: Der Bauer bearbeitet mit seinem Pflug das Feld. Heute macht er das mit modernen Maschinen. Der Schäfer sucht für seine Schafherden die besten Weideplätze. Der Jäger von heute schießt Tiere, die krank sind. Früher gingen die Menschen mit Pfeil und Bogen auf die Jagd. Der Fischer fängt bei Wind und Wetter Fische. Der Müller mahlt in seiner Mühle Getreidekörner zu Mehl. Früher fuhren die Händler mit ihrer Ware über das Land. Heute gehen die Leute in Geschäfte, um etwas zu kaufen. Der Tischler fertigt Möbel oder Fenster. Der Lehrer bringt seinen Schülern in der Schule Lesen, Schreiben und Rechnen bei. Der Schmied stellt Werkzeuge, Hufeisen oder Zäune her.

Der Bäcker backt jeden Tag frisches Brot. Der Kaminkehrer überprüft Heizungen und putzt Kamine. Der Arzt behandelt kranke Menschen. Der Maler streicht Häuserfassaden und Zimmer. Der Bauarbeiter baut Straßen oder Häuser. Der Kellner serviert Essen und Getränke.

Moderne Berufe
Durch die Weiterentwicklung der Technik sind neue Berufe entstanden.
Der Automechaniker repariert Autos. Am Zeichentisch oder am Computer plant der Architekt Häuser. Berufsmusiker können perfekt auf einem Musikinstrument spielen. Sie sind Mitglieder in Orchestern oder treten alleine auf. In einem Callcenter arbeiten Telefonisten. Sie führen Befragungen durch oder nehmen am Telefon Bestellungen entgegen. Reporter übermitteln Neuigkeiten aus Sport, Politik oder aus dem Ausland. Der Informatiker entwickelt neue Computerprogramme.

Besondere Tiere

Der Koala und das Känguru kommen nur in Australien vor. Ihre Jungen wachsen im Beutel der Mutter heran. Auch der Schnabeligel zählt zu den Beuteltieren. Er bringt nicht wie andere Säugetiere seinen Nachwuchs lebend zur Welt, sondern legt Eier. Der Riesengleitbeutler besitzt eine Flughaut zwischen Ellenbogen und Knie. Er kann bis zu 100 m durch die Luft segeln.
Die Bienenelfe ist nur 6 cm groß und der kleinste Vogel der Welt.

Mit seinen Brustflossen kann der Fliegende Fisch bis zu 50 m weit über das Wasser „fliegen". Den Quastenflosser gibt es seit mehr als 65 Millionen Jahren. Die giftigen Fangarme der Seeanemone können dem Clownfisch nichts anhaben.

Lemur

Koala

Chamäleon

Gottesanbeterin

Gecko

Grottenolm

Clownfisch und Seeanemone

Die Portugiesische Galeere sieht aus wie eine riesige Qualle. Sie besteht aber aus unzähligen Polypen. Polypen sind Nesseltiere. Sie haben einen schlauchförmigen Körper und Fangarme.
Der Grottenolm ist ein Schwanzlurch, der sowohl mit Lungen als auch mit Kiemen atmen kann. Deshalb kann er am Land und im Wasser leben.
Auf Madagaskar leben die Lemuren. Sie gehören zur Familie der Affen. Sie sind vor allem bei Nacht aktiv. Um in der Dunkelheit gut sehen zu können, haben sie große Augen.
Das Chamäleon kann je nach Stimmung seine Farbe wechseln und sogar weiß oder schwarz werden.
Der Gecko heftet sich mit den Haftscheiben an seinen Zehen auf glatten Flächen fest. Er kann sogar Glasscheiben hochklettern.
Die Gottesanbeterin fängt mit ihren Vorderbeinen blitzschnell ihre Beute.

Blumen

Abgesehen von den eisigen Gebieten an Nord- und Südpol wachsen überall auf der Erde Blumen. Dies sind Pflanzen mit farbigen Blüten. Wind, Wasser oder Insekten verbreiten ihre Pollen. So vermehren sich die Pflanzen.

Einheimische Blumen
Die Sonnenblume (1) kann bis zu 4 m hoch werden. Die Tulpe (2) hat lange Blüten. Die Schlüsselblume (3) blüht von März bis Mai. Die gelbe Narzisse (4) wird auch Osterglocke genannt. Die Blüten der Stiefmütterchen (5) sind sehr farbenfroh. Der Krokus (6) gehört zu den Schwertliliengewächsen. Die Dahlie (7) gibt es in allen Blütenfarben. Der Klee (8) hat dreizählige Blätter und rote oder weiße Blüten. Der Löwenzahn (9) vermehrt sich

mit den fallschirmartigen Früchten. Die Blüten des Storchenschnabels (10) sind blau oder rot. Hirtentäschel (11) wird als Heilkraut verwendet. Die Margarite (12) wird 60 bis 80 cm groß. Das Gänseblümchen (13) blüht fast das ganze Jahr. Sumpfdotterblumen (14) wachsen an feuchten Plätzen. Kornblume (15) und Klatschmohn (16) wachsen in Getreidefeldern. Das Vergissmeinnicht (17) gedeiht im Halbschatten besonders gut.

Exotische Pflanzen
Den Feigenkaktus (18) findet man in der Halbwüste. Die Heliconia (19) ist mit der Banane verwandt. Wegen der Blütenform wird dieses Springkraut Papageienschnabelblume (20) genannt. Die Bromelie (21) wächst auf tropischen Bäumen. Die Fuchsie (22) ist ein Nachtkerzengewächs. Die Bougainvillea (23) wächst als Strauch oder kleiner Baum. Der Hibiskus (24) ist ein Malvengewächs.

Delfine

Delfine sehen aus wie große Fische. Dennoch handelt es sich bei diesen Lebewesen um Säugetiere. Zum Atmen müssen sie regelmäßig auftauchen. Außerdem gebären sie lebende Junge, die sie säugen. Die meisten Delfinarten leben im Meer. Delfine gehören zu den Zahnwalen. Es gibt etwa 40 Arten. Der schwarzweiß gefleckte Orca gehört auch zur Familie der Delfine. Delfine leben in Gruppen zusammen, die man Schulen nennt. Sie sind sehr schnelle Schwimmer und springen gerne aus dem Wasser. Manche Delfine, wie der Spinnerdelfin, vollführen dabei tollkühne Sprünge. Außerdem können Delfine sehr gut hören und sehen. Man sagt, dass sie sehr klug sind.

Amazonasdelfine

Flussdelfine

Es gibt fünf Arten von Flussdelfinen. Sie leben in Flüssen wie dem Amazonas in Südamerika oder dem Ganges in Indien. Auch in China kommen sie vor. Sie suchen mit ihren langen, schnabelähnlichen Schnauzen im schlammigen Grund des Flusses nach Garnelen und kleinen Fischen. Im Gegensatz zu den Meeresdelfinen können sie ihren Kopf bewegen. Da die meisten Flüsse, in denen sie leben, ziemlich trüb sind, haben sie nur kleine Augen, mit denen sie schlecht sehen. Flussdelfine leben im Gegensatz zu den Meeresdelfinen nicht in Gruppen zusammen. Sie sind eher Einzelgänger.

Heute sind die Flussdelfine vom Aussterben bedroht. Das Wasser der Flüsse, in denen sie leben, ist durch Abwässer verschmutzt. Immer wieder geraten Tiere in Fischernetze oder in die Schrauben von Schiffen.

Dinosaurier

Die Dinosaurier lebten vor rund 240 bis 65 Millionen Jahren. Sie gehörten zu den Reptilien. Die einzelnen Arten unterschieden sich in Größe, Aussehen und Lebensweise. Sie jagten nach lebender Beute oder ernährten sich von Pflanzen.

Fleischfresser
Carnotaurus trug auf seinem Kopf Hörner. Er wurde bis zu 7,50 m groß. Der 10 m lange Suchomimus hatte eine krokodilartige, schmale Schnauze und scharfe, lange Daumenkrallen. Allosaurus jagte in Rudeln. Er wog bis zu 2 t und wurde bis zu 4,50 m groß. Einer der furchterregendsten Raubsaurier war Tyrannosaurus. Er konnte bis zu 6 m groß und 15 m lang werden. Gigantosaurus zählte mit einer Höhe von 13 m zu den größten Raubsauriern.

Pflanzenfresser

Von den pflanzenfressenden Dinosauriern lebten viele Arten in Herden wie der äußerst schnelle Ornithomimus oder der langsame Iguanodon. Der 21 m lange Alamosaurus streifte mit seiner breiten Schnauze Blätter von den Bäumen. Er gehörte zur gleichen Familie wie Amargasaurus, der zwei Reihen von Stacheln auf seiner Wirbelsäule trug. Der Entenschnabelsaurier Maiasaura kümmerte sich um seine Brut. Die großen Eier wurden von der Sonne ausgebrütet. Der 2 m lange, hohle Knochenkamm diente Parasaurolophus als Schallröhre für sein Gebrüll. Talarurus war ein Panzersaurier mit einem Keulenschwanz. Triceratops trug spitze Hörner und an seinem Hinterkopf einen Knochenschild. Sein Maul sah aus wie ein Papageienschnabel. Wuerhosaurus war ein Stegosaurier. Mit seinen dreieckigen Rückenplatten konnte er die Körpertemperatur regulieren.

Dinosaurier – Meeres- und Flugsaurier

Meeressaurier
Die Meeressaurier waren mit den an Land lebenden Dinosauriern verwandt. Der Ichthyosaurus, ein Fischsaurier, wurde über 13 m lang. Er hatte etwa 200 scharfe Zähne in seinem Maul und fing damit Ammoniten (Kopffüßer). Das waren Verwandte der Tintenfische. Sie schützten ihre weichen Körper durch eine spiralförmige Schale. Manche Ammoniten waren nur wenige Zentimeter groß, andere hatten einen Durchmesser von bis zu 2 m. Der gepanzerte Trilobit sah der heute lebenden Assel ähnlich. Er bevorzugte küstennahe Gewässer. Am Meeresgrund lebten Seesterne. Der größte Meeressaurier war der Elasmosaurus. Er hatte im Unterschied zu den Ichthyosauriern einen

kürzeren Schwanz, einen langen Hals und einen kleinen Kopf. Um zu jagen, streckte er seinen bis zu 8 m langen Hals aus dem Wasser und suchte nach Fischen. Wenn er etwas entdeckte, ging er ruckartig mit dem Kopf nach unten und packte sein Opfer. Die Urhaie hatten einen schlanken und kräftigen Körper. Dadurch waren sie sehr schnelle und wendige Schwimmer.

Flugsaurier
Die Flugsaurier waren die ersten Wirbeltiere, die fliegen konnten. Zum Fliegen spannten sie mit dem stark verlängerten vierten Finger ihrer Hand Hautflügel auf. Der Quetzalcoatlus hatte eine Spannweite von 12 m und ist damit der größte Flugsaurier. Die Flügelspannweite des Rhamphorhynchus betrug nur 1 m. Das Pteranodon besaß keine Zähne. Sehr auffällig war der lange Kamm am Hinterkopf. Vielleicht diente er als Seitenruder beim Fliegen.

Erde

Unsere Erde besteht aus drei Hauptschichten: Kruste, Mantel und Kern. Die äußere Kruste ist eine etwa 100 km dicke, harte Gesteinsschicht. Auf ihr leben wir. Unter ihr liegt der Erdmantel aus zähflüssigem Gestein. Er reicht bis in 2900 km Tiefe.

Der Kern in der Mitte der Erde ist aus Metall. Er hat eine flüssige Außenschicht (2000 km) und einen festen inneren Kern (2700 km Durchmesser). Im Erdinnern ist es über 5000 Grad Celsius heiß.

Meere und Kontinente

Fast zwei Drittel der Erdoberfläche sind von Wasser bedeckt. Die sieben Kontinente Afrika, Australien, Süd- und Nordamerika, Asien, Europa und die Antarktis bilden die Landmasse der Erde. Sie

ANTARKTIS

besteht aus Gebirgen, Wüsten, Steppen und fruchtbaren Landschaften. Nahe am Nord- und Südpol liegen die beiden kalten Zonen. Die tropische, heiße Zone erstreckt sich beiderseits des Äquators. Dazwischen befinden sich zwei milde gemäßigte Zonen. Diese Regionen haben vier Jahreszeiten.

Nicht immer sah die Erde so aus wie heute. Vor etwa 325 Millionen Jahren bildete sich auf der Erde eine einzige zusammenhängende Landmasse – der Urkontinent Pangäa.

Pangäa begann vor etwa 200 Millionen Jahren zu zerfallen. Vor etwa 135 Millionen Jahren teilte es sich in Laurasia und Gondwana. Mit der Zeit zerfielen auch diese Hälften und bildeten die heutigen Erdteile.

Erfindungen

Die ersten Erfindungen

Die Ägypter gehörten zu den Ersten, die ab 3000 vor Christus Bohrer benutzten. Mit dem Schaduf leiteten sie Wasser aus dem Nil auf ihre Felder. Außerdem besaßen sie schon Schlüssel. Der Abakus wurde in Babylonien erfunden. Damit konnte man die Grundrechenarten durchführen. Schon vor 2000 Jahren fuhren Menschen auf Schlittschuhen über das Eis. Mit der „Kralle des Archimedes" verhinderte der Grieche Archimedes 215 vor Christus die Eroberung von Syrakus. Die Schiffe der Feinde wurden von der Kralle gegen die Kaimauer geschleudert.

Der Grieche Polybios entwickelte um 180 vor Christus den Semaphor, womit man sich über weite Entfernungen ver-

Druckerpresse
Glasspiegel
Unterseeboot
Telefon
Gerät zur Schallaufzeichnung
Computer Z3
Chip
Satellitennavigationssystem GPS
DNS-Modell

ständigen konnte. 100 vor Christus stellte Vitruv einen Entfernungsmesser her. 200 Jahre später baute Heron die erste Dampfmaschine.

Neuere Erfindungen
Johannes Gutenberg entwickelte 1447 die Druckerpresse mit beweglichen Lettern. Vor 600 Jahren wurde in Venedig der Glasspiegel erfunden. 1624 baute man das erste Unterseeboot. 1876 wurde das Telefon entwickelt. 1877 gelang Thomas Alva Edison die erste Schallaufzeichnung.
Der erste programmgesteuerte Computer Z3 wurde 1941 entwickelt.

Erfindungen der Moderne
Der Chip nimmt im Computer Daten auf. Mit dem Satellitennavigationssystem GPS kann man seine Position überall bestimmen. Das Modell der DNS (Desoxyribonucleinsäure) wurde 1953 entdeckt. In ihr ist die genetische Information eines Lebewesens gespeichert.

Ägyptischer Arbeitsschlitten

Ägyptischer Kriegswagen

Römischer Streitwagen

Mittelalterliche Kutsche

Einspänner

Rokokokutsche

Planwagen

Laufrad (Draisine)

Pedalfahrzeug

Hochrad

Fahrzeuge

Die ersten Räder waren nur Holzscheiben, die mit einem Keil an der Achse des Wagens befestigt waren. Heute besteht ein Rad aus der Felge, die über Speichen mit der Nabe im Mittelpunkt verbunden ist. Im Gegensatz zu einem Schlitten berührt ein Rad immer nur an einer kleinen Stelle den Boden.
Ägyptische Kriegswagen wurden von Pferden gezogen. Die Römer konnten mit ihren Streitwagen große Strecken zurücklegen.

Neuere Fahrzeuge
Im Mittelalter reiste man in unbequemen Kutschen. Die Rokokokutsche war das Fortbewegungsmittel der Könige. Siedler durchquerten mit Planwagen den Wilden Westen. Karl Freiherr von Drais entwickelte

ein Laufrad, die Draisine. Später baute Kirkpatrick MacMillan ein Pedalfahrzeug. Der Einspänner war eine schnelle Kutsche. Das große Vorderrad des Hochrades war bis zu 1,5 m groß.
Die Dampfmaschinenkutsche wurde durch erhitztes Wasser in Bewegung gebracht. Gottlieb Daimler entwickelte die Benzinkutsche. Bald hatten die Autos eine geschlossene Kabine wie die Renault-Limousine.

Moderne Fahrzeuge
Das heutige Fahrrad hat viele Gänge. Das Dreirad ist sehr stabil. Motorroller sind Motorräder mit kleinen Rädern. Rollschuhe und Inline-Skates sind Sportgeräte. Artisten behalten auf dem Einrad das Gleichgewicht. Um Auto und Motorrad steuern zu dürfen, muss man mindestens 18 Jahre alt sein. Moderne Verkehrsmittel sind Bus, Straßenbahn oder U-Bahn. Die Züge werden mit Strom betrieben.

Farben

Das Licht der Sonne erscheint uns farblos. In Wirklichkeit setzt es sich jedoch aus verschiedenen Farben zusammen. Das sieht man bei einem Regenbogen: Fällt Licht auf einen Regentropfen, sieht man seine Einzelfarben.

Primär- und Sekundärfarben
Blau, Gelb und Rot nennt man Primärfarben. Sie heißen Grundfarben, da sie sich nicht durch Mischen erzielen lassen. Mischt man jeweils zwei dieser Primärfarben, entstehen die Sekundärfarben Orange, Violett und Grün. Wenn man alle drei Grundfarben in gleichen Anteilen mischt, erhält man Schwarz. Früher wurden Farben aus Naturmaterialien wie zermahlenen Wurzeln und Steinen hergestellt. Heute mischt man sie aus chemischen Stoffen.

Der Satellit leitet sie weiter an Satellitenantennen auf der Erde oder an Satellitenschüsseln.

Die Satellitenantenne sendet elektrische Signale zum Nachrichtensatelliten.

Satellitenschüssel

Satellitenantenne

Kabelanschluss

Fernsehen

Neben Zeitung und Radio informiert uns das Fernsehen über Ereignisse auf der ganzen Erde. Bei Live-Übertragungen sehen wir im Fernsehen, was gleichzeitig viele tausend Kilometer weit entfernt geschieht – als ob wir selbst dabei wären.

Alles live!

Satellitenantenne

Übertragungswagen

Kamera

Kabel

Bilder und Töne werden in elektrische Signale umgewandelt. Die Antenne auf dem Übertragungswagen sendet sie zum Satelliten. Eine Antenne auf der Erde empfängt die Signale und leitet sie über die Satellitenschüssel oder ein Erdkabel zum Fernseher. Er verwandelt sie in Bild und Ton.

Feuerwehr

Die Feuerwehr ist über die Telefonnummer 112 erreichbar. Sie darf nur im Notfall angerufen werden. Dabei sollte man folgende Fragen beantworten: Wer ruft an? Wo ist die Einsatzstelle? Was ist passiert? Sind Menschen in Gefahr?

Ein Feuerwehreinsatz
Nach einem Notruf wird in der Feuerwehrleitstelle Alarm ausgelöst und der schnellste Weg zum Einsatzort berechnet. Kurze Zeit später sind Einsatzfahrzeuge unterwegs, um den Brand zu löschen. Vom Einsatzleitwagen aus werden die Einsätze geleitet. Im Löschwagen sind neben den Feuerwehrleuten auch Werkzeuge, Schläuche und Rohre zu finden. Die Feuerwehrleute sind in drei Gruppen eingeteilt: Stoßtrupp, Wassertrupp und Schlauch-

Sicherheitsleuchte und Leitkegel warnen die Verkehrsteilnehmer vor einer Unfallstelle.

trupp. Der Stoßtrupp rettet Menschen und Tiere mit dem Drehleiterfahrzeug. Personen aus niedrigen Stockwerken springen in den Sprungretter.
Der Stoßtrupp bekämpft als Erster das Feuer. Der Wassertrupp stellt die Wasserversorgung zwischen dem Hydranten, dem Fahrzeug und dem Verteiler her. Hydranten sind Wasseranschlüsse. Der Schlauchtrupp verlegt die Wasserleitungen für den Stoß- und Wassertrupp und wird dann zum Stoßtrupp.

Vielfältige Aufgaben
Wenn Schiffe brennen, sind Löschboote im Einsatz. In Flughäfen gibt es die größten und schnellsten Einsatzfahrzeuge der Feuerwehr.
Die Feuerwehr löscht aber nicht nur Brände. Sie hilft auch bei Unfällen, Wasserrohrbrüchen, Sturmschäden und Überschwemmungen. Die Feuerwehr birgt Unfallopfer, die sich in Autos verklemmt haben, und beseitigt Ölspuren und Giftmüll.

Flughafen

Der Tower ist die Steuer- und Sicherheitszentrale. Fluglotsen regeln über Sprechfunk, in welcher Reihenfolge die Flugzeuge starten oder landen dürfen. Auf großen Flughäfen erfolgt pro Minute mindestens ein Start oder eine Landung.

In der Abfertigungshalle für Passagierflüge geben die Passagiere ihr Gepäck auf.
Auf dem Feld vor den Abfertigungshallen werden die Flugzeuge für den Flug vorbereitet. Sie werden von Tankwagen mit Treibstoff betankt. Spezielle

Fahrzeuge bringen Getränke und Speisen und das Gepäck der Passagiere. Durch die Ladeluke wird die Fracht im Transportraum verstaut. Die Frischwassertanks werden aufgefüllt. Mechaniker überprüfen das gesamte Fahrwerk. Mit

Tower

Abfertigungshalle

Feld

Flugzeugschlepper

dem Flugzeugschlepper wird das Flugzeug zur Startbahn gezogen.
Im Cockpit sitzen Pilot und Kopilot. Sie steuern die Maschine.
Kleinere Flugzeuge besteigt man über eine Gangway, das sind fahrbare Treppen. In einen großen Jumbo führt eine überdachte Brücke hinein. Die Passagiere nehmen in der Passagierkabine Platz. Während des Flugs erhalten sie vom Bordpersonal Getränke und Mahlzeiten. Bei langen Flügen stehen den Passagieren Decken und Kissen zur Verfügung. An Bord gibt es auch eine Küche und Toiletten.

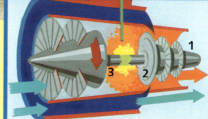

Düsenflugzeuge fliegen mit Strahltriebwerken. Aus der Schubdüse (1) tritt ein Strahl heißer Luft mit hoher Geschwindigkeit aus. Die heiße Luft treibt dabei die Turbinenblätter (2) und damit die Triebwerksachse (3) an. Das schiebt das Flugzeug nach vorne.

Flugzeuge und Hubschrauber

Erst seit Beginn des 20. Jahrhunderts gibt es Flugzeuge, die sich stabil in der Luft halten. 1903 bauten die Brüder Wright das erste brauchbare Flugzeug mit Motorantrieb. Die Fokker VIIA-3M von 1925 war eines der ersten Passagierflugzeuge.

In den 1930er-Jahren gab es auch schon Wasserflugzeuge. Die Boeing 314 Clipper war das größte Passagierflugboot dieser Zeit. Die Boeing 247 D von 1933 war das erste stromlinienförmige Flugzeug mit einziehbarem Fahrwerk.

Der Airbus A 380 ist heute das größte Verkehrsflugzeug der Welt. Es kann bis zu 852 Passagiere befördern.

Schnelle Flugzeuge

Die Concorde war das erste Passagierflugzeug, das mit

Überschallgeschwindigkeit flog. Nachdem im Jahr 2000 eine Concorde abgestürzt war, durften bald keine dieser Flugzeuge mehr fliegen. Der erste Überschallflug erfolgte mit dem Experimentalflugzeug Bell X-1. Die Supermarine Spitfire war ein Jagdflugzeug im 2. Weltkrieg. Durch seine Form lenkt der F-117 A Stealth-Fighter Nighthawk Radarstrahlen ab. Das Aufklärungsflugzeug Lockheed SR-71 Blackbird fliegt in 24 000 m Höhe. Wie ein Hubschrauber starten und landen kann der Senkrechtstarter McDonnell-Douglas-AV-8B. Das Jagdflugzeug Tornado hat verstellbare Flügel.

Besondere Flugzeuge
Das Transportflugzeug Lockheed C-130 Hercules befördert große Lasten. Der Rettungshubschrauber Bell-Jetranger kann vorwärts, rückwärts und seitwärts fliegen. Die modernen Kipprotor-Flugzeuge starten und landen wie Hubschrauber und fliegen wie Flugzeuge.

Fluss und Bach

Fluss und Bach sind die Heimat vieler Tier- und Pflanzenarten. An ihren Uferbereichen wachsen verschiedene Sumpf- und Wasserpflanzen. Dort finden Insekten, Schnecken, nistende Vögel und kleine Säuger Schutz.

Pflanzen ...
An Flussufern und auf den feuchten Niederungen stehen die Schwarzerle (1), die Silberweide (2) und das Pfaffenhütchen (3). Sie bilden den sogenannten Auwald. Am Uferrand gedeiht die Brunnenkresse mit ihren vielen kleinen Blütchen (4). Der Flutende Hahnenfuß (5) wächst auf dem Bachgrund. Allerdings treiben seine Blüten auf der Wasseroberfläche. Das Quellmoos (6) lebt vollständig unter Wasser und treibt keine Blüten.

… und Tiere

Eine Perle findet sich nur in wenigen Flussperlmuscheln (7). Nachts geht der Flusskrebs (8) auf Jagd. Viele Fische ernähren sich von Bachflohkrebsen (9) oder Köcherfliegenlarven (10). Aale (11) halten sich mehr als zehn Jahre in Flüssen und Bächen auf, bevor sie zum Laichen zurück ins Meer schwimmen. Der Lachs (12) hingegen schwimmt nach seiner Geburt ins Meer und kehrt zum Laichen in den Fluss zurück. Bachforelle (13), Groppe (14) und Schmerle (15) bleiben an ihrem Standort. Die Wasserspitzmaus (16) kann gut schwimmen. Das Weibchen des Feuersalamanders (17) setzt seine Larven ins flache Wasser ab. Fischotter (18) sind hervorragende Schwimmer, unternehmen aber auch Streifzüge an Land. Ihre Baue graben sie in Uferböschungen. In Bachnähe leben auch Nachtigall (19), Pirol (20), Flussuferläufer (21) und Wasseramsel (22).

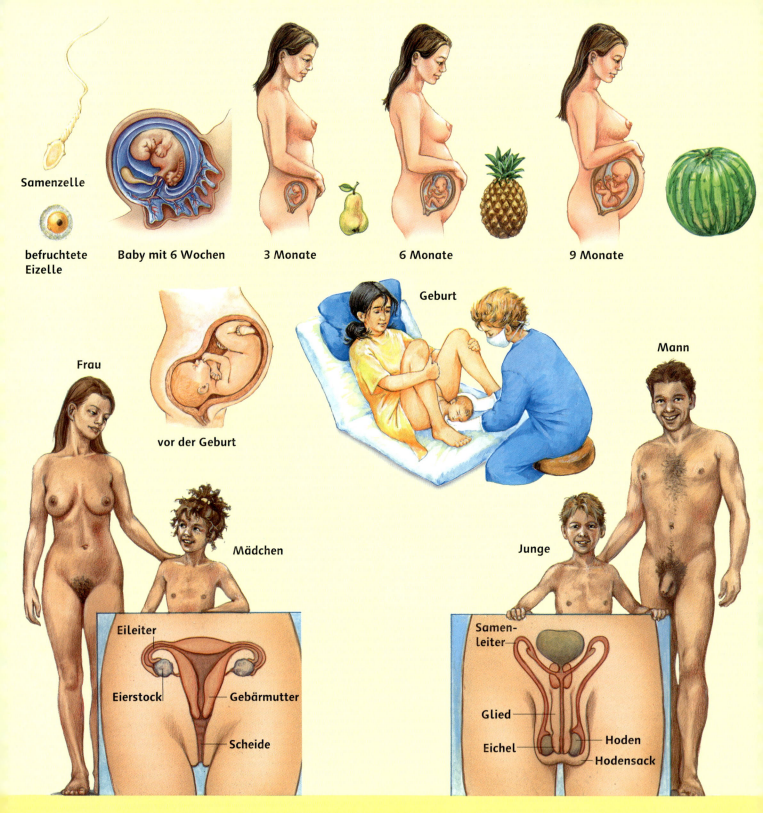

Fortpflanzung

Wenn eine Eizelle und eine Samenzelle miteinander verschmelzen, entsteht ein Kind. Zellen sind winzig kleine Bausteine, aus denen der Körper besteht. Ab der Pubertät (zwischen 10 und 14 Jahren) entwickelt sich in den Eierstöcken von Frauen etwa alle vier Wochen eine reife Eizelle. In den Hoden der Männer bilden sich Samenzellen. Wenn ein Mann und eine Frau miteinander schlafen, werden beim Samenerguss des Mannes viele Millionen Samenzellen in die Scheide der Frau geschleudert. Sie gelangen in die Gebärmutter und zum Eileiter der Frau. Trifft eine Samenzelle auf eine reife Eizelle, verschmelzen sie. In den nächsten neun Monaten wächst aus der befruchteten Eizelle ein Baby heran.

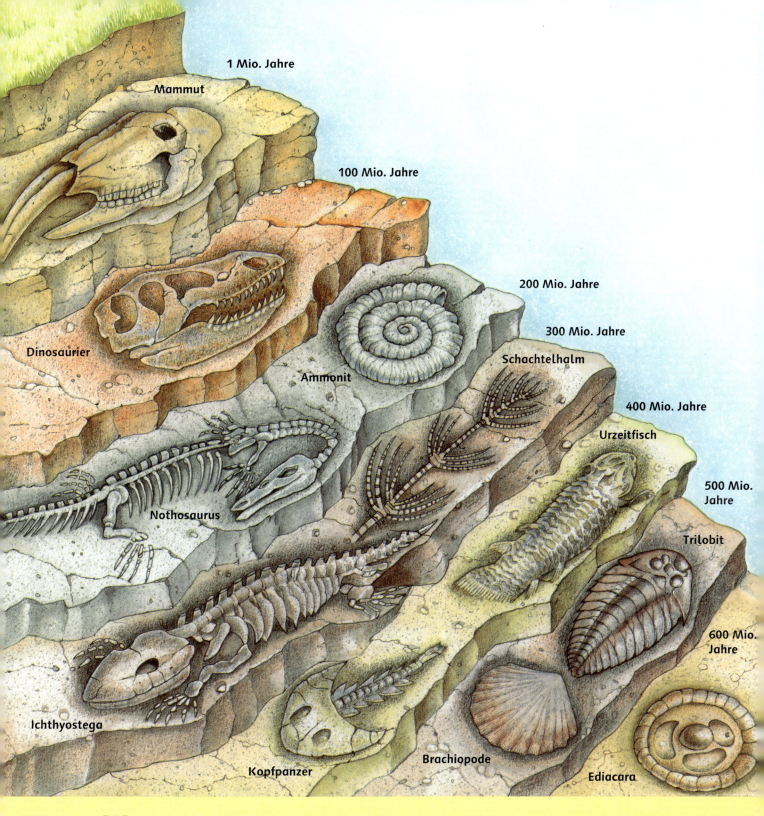

Fossilien

Fossilien sind die versteinerten Überreste von Tieren und Pflanzen, die sich über Jahrmillionen erhalten haben. Fossilien liegen in Gesteinsschichten übereinander. Man kann an ihnen ablesen, zu welcher Zeit es die Pflanzen und Tiere gab.

So entstehen Fossilien
1 Ein Lebewesen stirbt und wird von Sand oder Schlamm bedeckt.
2 Während die Weichteile verwesen, bleibt das Skelett erhalten.

3 Gesteinsschichten türmen sich im Laufe von Jahrmillionen über dem Skelett auf.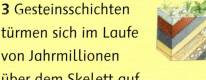
4 Wind und Wetter tragen die Gesteinsschichten ab. Die Fossilien werden sichtbar.

Gemüse

Gemüse ist wie Obst ein sehr gesundes Nahrungsmittel. Es enthält viele wichtige Bestandteile wie Vitamine und Salze. Am besten verzehrt man deshalb das frische Gemüse. Darin sind die meisten Nährstoffe enthalten. Gemüse sollte auch nur kurz gekocht werden. Manche Gemüsesorten kann man auch roh essen, wie Möhren, Gurken oder Tomaten. Gemüse wird haltbar, indem man es einfriert oder in Dosen und Gläsern vorgekocht aufbewahrt. Man kann Gemüse im eigenen Garten anpflanzen. Die meisten Sorten müssen jedes Jahr neu gesät werden.

Die einzelnen Gemüsesorten
Zu den Zwiebelgewächsen zählen Lauch, Zwiebel, Knoblauch und Sellerie.

Die Artischocke gehört zu den Disteln. Man verspeist ihre Blüte.
Radieschen, Rote Bete und der Rettich zählen zu den Rettichgewächsen. Die Möhre ist ein Wurzelgemüse, mit dem man gerne Suppen kocht. Mangold und Spinat sind Spinatgewächse.

Den zarten Spargel gibt es nur im Frühling. Dieses Gemüse ist sehr teuer. Zu den Salatgewächsen zählen der leicht bitter schmeckende Chicoree, Kopfsalat und Feldsalat. Grüne Bohnen, Erbsen und Weiße Bohnen gehören zu den Hülsenfrüchten. Die Aubergine wird auch Eierfrucht genannt.

Sie stammt vermutlich wie die Gurke aus Indien. Der Fenchel ist ein Doldengewächs. Tomate, Kartoffel und Paprika sind miteinander verwandt. Die Zucchini ist ein Kürbisgewächs. Zu den Kohlgemüsen gehören Blumenkohl, Rotkohl, Kohlrabi, Weißkohl, Rosenkohl, Brokkoli und Wirsing.

Hartweizen
Weichweizen
Roggen
Gerste
Hafer
Hirse
Reis

Getreide

Getreide gehört zu der Familie der Gräser. Aus den Blüten, die am oberen Ende der langen Stängel sitzen, entwickeln sich Samen. In jedem Samen steckt ein Korn mit vielen Nährstoffen. Die Fruchtstände des Getreides nennt man Ähren.

Es gibt zwei Sorten Weizen: Hartweizen wird als Grundlage für Nudeln verwendet. Aus Weichweizen wird helles Mehl hergestellt, aus Roggen dunkles Mehl. Aus Gerstenkörnern wird Malz gewonnen, das eine Grundlage für Bier ist. Haferflocken werden aus Haferkörnern hergestellt. Aus den Körnern der Hirse wird meist Brei gemacht. Mehr als die Hälfte der Menschheit ernährt sich von Reis. Dieses Sumpfgras wurde ursprünglich in Asien, Afrika und Australien angebaut.

Gewürze

Gewürze verbessern den Geschmack von Speisen und machen sie besser verdaulich. Gewürze sind wilde oder gezüchtete Pflanzen, die in ihren Wurzeln, Stängeln, Blüten, Blättern oder Samen besondere Stoffe enthalten. Viele Gewürze kann man im Blumentopf ziehen, zum Beispiel Schnittlauch oder Basilikum.

Gewürze aus aller Welt
Andere Gewürze wie zum Beispiel Gewürznelken, Pfeffer, Zimt, Muskatnuss oder Safran kommen von weither. Sie wurden früher auf langen Karawanenwegen nach Europa gebracht. Das teuerste aller Gewürze ist Safran. Zum Verfeinern der Speisen werden die feinen Blütennarben der Safranblüte verwendet.

Tempel
Ringen
Diskuswerfen

Griechen

Viele große Denker und Philosophen stammten aus Griechenland. Die von den Griechen errichteten Gebäude sind weltberühmt. Die Regierungsform der Demokratie (Volksherrschaft) geht auf das antike Griechenland zurück.

Stadtstaaten

Griechenland bestand damals aus einem losen Bund von Stadtstaaten. Das waren unabhängige Städte, die sich selbst regierten. Athen war das Zentrum des politischen und gesellschaftlichen Lebens. Es führte oft Krieg mit dem mächtigen Stadtstaat Sparta. In Sparta drehte sich ein großer Teil des Lebens um die Kriegsführung. Ein fast lebenslanger Dienst als Soldat bestimmte das Leben der männlichen Spartaner.

Die vielen Kriege unter den griechischen Stadtstaaten führten dazu, dass sie um 300 v.Chr. von dem makedonischen König Phillip II. unterworfen wurden. Sein Sohn Alexander der Große brachte durch seine Eroberungszüge die griechische Kultur bis nach Asien und Ägypten.

Olympische Spiele
Die Griechen errichteten große Sportstadien. Dort veranstalteten sie Wettkämpfe mit Sportarten wie Wettlauf, Ringen, Speerwerfen, Dreisprung und Diskuswerfen. Die Athleten waren meist nackt. Die Sieger erhielten als Preis einen Lorbeerkranz.

In Olympia wurden alle vier Jahre die Olympischen Spiele ausgetragen. Zu Ehren des Göttervaters Zeus trafen sich selbst miteinander verfeindete Völker. Sie mussten während der Wettspiele Frieden bewahren. Dieser friedliche Gedanke trägt auch heute noch die Olympischen Spiele.

Hafen

Bis vor ungefähr 150 Jahren befuhren nur Segelschiffe die Weltmeere. Sie dienten vor allem als Handelsschiffe und brachten auf langen Reisen Waren von Kontinent zu Kontinent. Nur wenn Wind wehte, kamen die Segelschiffe voran.

Heute fahren Schiffe mit einem Dieselmotor. Damit sind sie viel schneller unterwegs.

Im Hafen
Wenn Schiffe vor Anker gehen, laufen sie meistens einen Hafen an. Das sind Orte, die durch ihre günstige Lage oder durch eine Befestigung den Schiffen Schutz bieten. Die Schutzmauern, an denen die Schiffe anlegen, nennt man Kai. Dort werden mit Kranen Containerfrachter be- und entladen. Lastwagen holen die Waren ab.

Neben den Containerschiffen gibt es große Passagierschiffe oder Fähren. Die Autos fahren durch die Heckklappe auf das Autodeck und am Zielhafen durch die Bugklappe wieder hinaus. Mit dem Fischlogger werden mit einem großen Netz Fische gefangen. An Bord wird der Fang in Kühlräumen gekühlt. Das Segelboot hat einen Motor, damit man auch bei Windstille vorwärts kommt. Der Kiel verhindert, dass das Boot kippt oder vom Wind abgetrieben wird. Zusätzlich ist es mit Schlafplätzen und einer Küche ausgestattet. Mit dem kleinen Fischerboot kann man vor der Küste fischen.

Mit dem Radargerät können der Kapitän oder der Steuermann auch bei Dunkelheit und Nebel den richtigen Weg finden.

Haie

Haie gehören zu den ältesten Lebewesen auf der Erde. Es gibt sie seit etwa 100 Millionen Jahren, ohne dass sie sich sehr verändert haben. Mehr als 350 Arten leben in allen Weltmeeren. Ihre dreieckige Flosse ragt oft aus dem Wasser.

Merkmale der Haie
Haie sind perfekt an ihre Umgebung angepasst. Die Körperform ermöglicht es ihnen, schnell zu schwimmen. Das gewaltige Maul mit den messerscharfen Zähnen und der ausgezeichnete Geruchssinn machen sie zu gefürchteten Räubern. Haie gehören wie Rochen und Mantas zu den Knorpelfischen. Ihr Skelett besteht aus Knorpeln und nicht aus Knochen. Da Haie keine Schwimmblase besitzen, müssen sie ständig in Bewegung

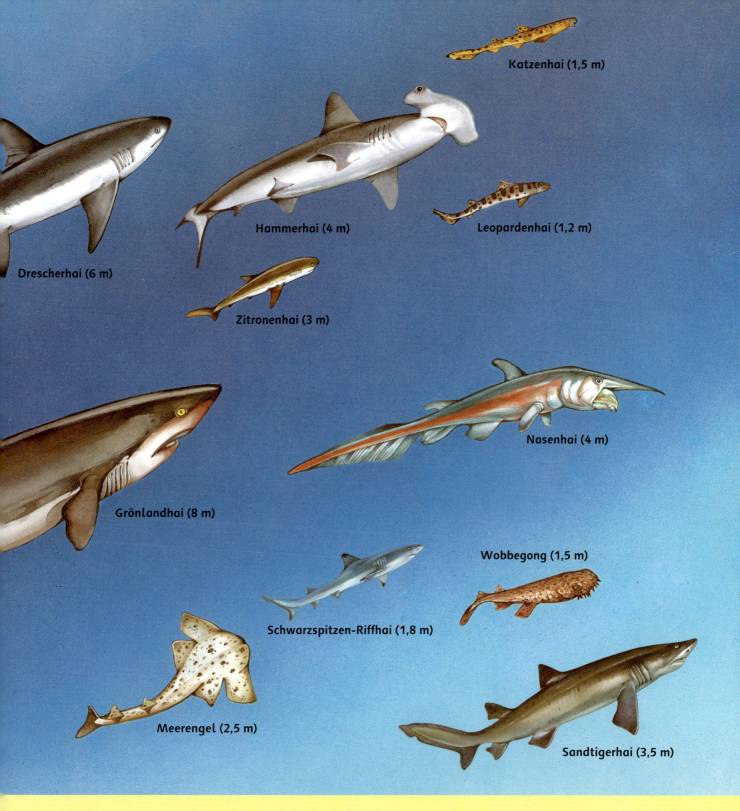

bleiben. So legen sie oft mehrere 100 km am Tag zurück. Fische haben eine Schwimmblase. Deshalb sinken sie nicht auf den Boden.

Einige Hai- Arten
Neben den Blauhaien, zu denen der Schwarzspitzen-Riffhai und der Tigerhai gehören, gibt es noch viele andere Hai-Arten, die für den Menschen nicht gefährlich sind. Einige erbeuten kleinere Fische und Schalentiere. Andere, wie der 15 m lange Walhai, filtern mit ihrem bis zu 2 m großen Maul nur Kleinstlebewesen aus dem Wasser. Walhaie sind die größten Fische. Die meisten Arten der Ammenhaie leben auf dem Boden der Meere. Ihr Kopf ist abgeplattet und ihr Körper plump. Zu dieser Art gehört zum Beispiel der Leopardenhai. Die kleinsten Arten zählen zur Familie der Katzenhaie. Zu den Unechten Dornhaien gehört der Grönlandhai. Er lebt in den kalten Meeresgebieten.

Häuser in aller Welt

Die ersten Menschen fanden in Höhlen Schutz vor wilden Tieren, Wind und Wetter. Als die Menschen sesshaft wurden, errichteten sie einfache Holzhütten. Aus diesen entwickelten sich unsere Wohnhäuser.

Häuser in aller Welt
In jedem Land der Welt sehen die Häuser etwas anders aus. Das liegt zum einen an den unterschiedlichen Baumaterialien. Zum anderen hängt dies aber auch vom Klima und der Lebensweise ihrer Bewohner ab. In den Eiswüsten der Arktis bauen die Inuit kreisrunde Iglus aus Schneeblöcken. Die Indianer in den Prärien Nordamerikas lebten in Zelten aus Büffelhaut, sogenannten Tipis. Diese waren schnell auf- und abzubauen. Die Pfahlhäuser in der

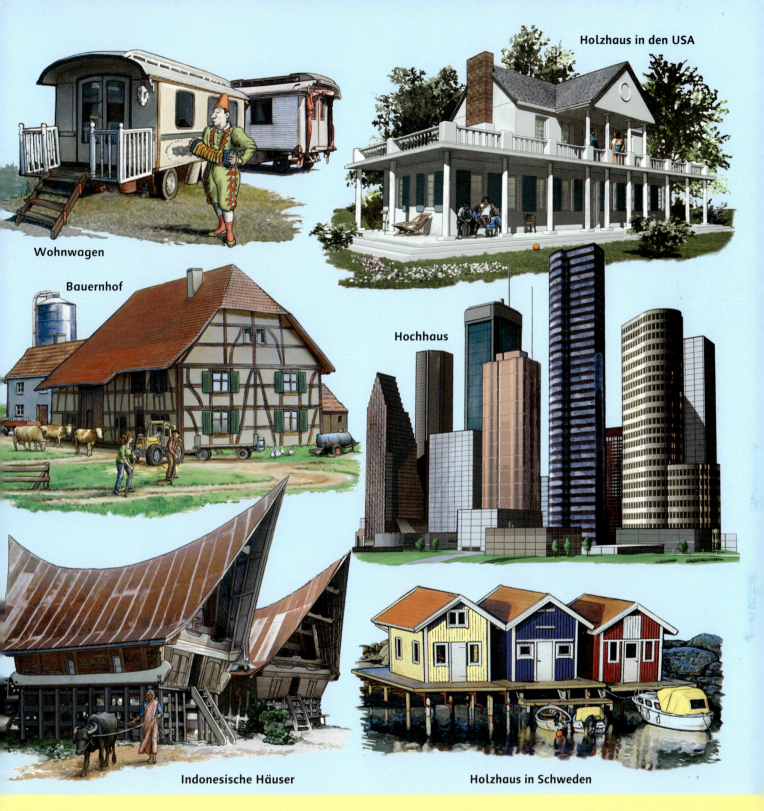

Wohnwagen
Holzhaus in den USA
Bauernhof
Hochhaus
Indonesische Häuser
Holzhaus in Schweden

Südsee schützen die Bewohner vor Ungeziefer. Sie haben Wände aus geflochtenen Palmwedeln und Palmfaserdächer. Die Höhlenwohnungen in Kappadokien (Türkei) halten Kälte und Hitze fern. In Hongkong gibt es kaum Bauplätze. Deshalb leben viele Menschen auf Hausbooten, den Dschunken. In Japan gibt es Häuser mit Wänden aus Papier. Diese leichten Häuser verhindern, dass ihre Bewohner bei Erdbeben darunter begraben werden. Zirkusartisten leben in Wohnwagen. In dem Holzhaus in den Südstaaten der USA lebt es sich bei feucht-heißem Klima sehr angenehm. Der Bauernhof ist aus gebrannten Ziegeln gebaut. Hochhäuser bestehen aus Glas, Stahl und Beton. Sie bieten vielen Menschen auf wenig Raum Platz. In Indonesien werden zum Schutz vor Sturm und Regen Häuser mit steilen Dächern gebaut. Das schwedische Holzhaus eignet sich für kühle Gebiete, denn Holz schützt vor Kälte.

Haustiere

Erst als die Menschen vor etwa 10 000 Jahren sesshaft wurden, begannen sie Wildtiere zu zähmen und zu züchten. So entwickelten sich unsere Haus- und Nutztiere. Wer ein Haustier hat, muss ihm auch ein artgerechtes Leben bieten.

Hund und Katze
Der Hund ist das wohl älteste Haustier. Er lebte schon vor über 10 000 Jahren bei den Menschen. Mit etwa zwölf Wochen hat sich ein Welpe am besten in eine Familie eingewöhnt. Dann lernt er stubenrein zu werden und zu gehorchen. Hunde brauchen viel Auslauf und lieben es, zu spielen. Eine Katze fühlt sich fast überall wohl. Allerdings ist eine Katze, die auch einmal ins Freie kann, viel zufriedener als ein Tier, das immer in der Wohnung

bleiben muss. Außerdem lieben sie es, wenn man ausgiebig mit ihnen spielt.

Alle Tiere brauchen Pflege
Die Maus, die Ratte, das Meerschweinchen, das Kaninchen und der Goldhamster sind Nagetiere. Sie werden in Käfigen gehalten, in denen eine Tränke und ein Futternapf stehen müssen.
Vögel wie der Wellensittich und der Nymphensittich sind Schwarmvögel. Man sollte sie nicht einzeln halten. Ansonsten muss man sich viel Zeit für sie nehmen. Auch der Papagei braucht viel Zuwendung und Pflege.

Eine Wasserschildkröte hält man in einem beheizten Terrarium. Sie braucht Wasser zum Baden und Sandplätze mit künstlichem Licht zum Sonnen. Nur Fische, die dieselbe Wassertemperatur mögen, sollten sich ein Aquarium teilen. Natürlich müssen sie auch genügend Raum zum Leben haben.

Hochgebirge

Die Erdoberfläche besteht aus den Kontinentalplatten. Sie tragen die Erdteile und die Ozeane. Die Platten verschieben sich: Sie schwimmen auf dem flüssig heißen Gestein des Erdinneren. Schieben sich zwei dieser Platten übereinander, falten sich an ihren Rändern Gebirge auf. So entstanden vor mehr als 50 Millionen Jahren der Himalaja in Asien, die Alpen in Europa und die Anden in Südamerika. Der Mount Everest im Himalaja ist mit 8850 m der höchste Berg der Erde.

Tiere und Pflanzen

In den verschiedenen Lagen eines Gebirges leben unterschiedliche Tiere und Pflanzen. Je höher man die Berge hinaufsteigt, desto karger wird die Landschaft. Es ist kalt und das Nahrungsangebot ist mager.

Oberhalb der Baumgrenze in 2000 bis 2500 m Höhe wachsen Zwergsträucher. In den Hochlagen gedeihen nur noch Moose und Flechten. In den Regionen, wo das ganze Jahr Schnee liegt, wächst nichts mehr. Hier können nur Tiere überleben, die durch ihr Fell besonders gegen die Kälte geschützt sind.

Hoch oben, wo der Schnee nie schmilzt, bilden sich riesige Eismassen, die Gletscher. Sie schieben sich in Strömen, den Gletscherzungen, langsam talabwärts. Sie führen Gesteinsschutt mit sich. Daraus entsteht eine Moräne (mit Seitenmoräne und Endmoräne). Im Tal schmilzt das Eis und es bilden sich Schmelzwasserbäche. Schmilzt ein Gletscher völlig ab, so entstehen u-förmige Täler mit Flüssen und Seen.

Höhlen

In verschiedenen Tiefen der Erde verlaufen Höhlengänge. Immer wieder entdecken Höhlenforscher weitere Höhlen. Mit ihren hellen Lampen erforschen sie dann das Innere der Höhle. Manchmal müssen sie sich mit einem Seil sichern.

Höhlen bilden sich im Laufe von vielen Millionen Jahren. Es beginnt damit, dass Regenwasser durch den Erdboden sickert und den Kalkstein auslaugt. Das säurehaltige Wasser zerfrisst den Felsen. Zurück bleiben feine Risse, die sich im Laufe der Zeit verbreitern und zu unterirdischen Gängen und Schächten werden.

Tropfsteine

Tropfsteine entstehen durch Regenwasser, das durch die Decke tropft. Die Wassertropfen

In manchen Höhlen hat man Höhlenmalereien gefunden. Sie wurden von Menschen der Vorgeschichte vor über 20 000 Jahren gemalt.

Höhlenforscher

lösen ein weißes Mineral, das Kalzit. Wenn das Wasser verdunstet, lagert sich Kalzit ab. Diese Kalkausscheidungen bilden Tropfsteine. Stalaktiten (1) hängen von der Decke. Stalagmiten (2) wachsen vom Boden nach oben. Allmählich wachsen sie zusammen und werden zu Säulen (3).

Außerdem bilden sich Orgelpfeifen (4) oder Vorhänge (5), die wie ein aufgehängtes Fensterleder aussehen. Fließt Wasser über einen Abhang, können sogenannte Sinterbecken (6) entstehen. Wenn sich Kalk um ein Sandkorn lagert, bilden sich in den Sinterbecken Höhlenperlen (7).

Tiere in Höhlen

Einige Tiere haben sich an das Leben in der Dunkelheit und Feuchtigkeit angepasst. Fledermäuse suchen dort Schutz. In den Gewässern leben Schwanzlurche, Höhlenfische und Krabben. Sie sind oft blind und orientieren sich nur mithilfe ihres Tast- und Geruchssinns.

Hunde

Zu den ältesten Haustieren gehören die Hunde. Sie stammen vom Wolf ab. Durch Züchtungen entstanden im Laufe der Zeit mehr als 300 Hunderassen. Der Deutsche Schäferhund gehört wie der Schnauzer und der Boxer zu den Diensthunden. Sie werden als Blinden- oder Polizeihunde eingesetzt. Der Pudel ist sehr gelehrig, lebhaft und wachsam. Den Dackel richtete man für die Jagd in Dachs- und Fuchsbauten ab. Auch der Jack-Russel-Terrier ist ein Jagdhund. Zu den Hüte- und Hirtenhunden gehören der Sennenhund und der Collie. Der Bernhardiner ist ein sehr großer, gutmütiger Hund. Der Afghane ist ein Windhund. Er kann sehr schnell laufen. Der Chihuahua wird nur so groß wie ein Meerschweinchen.

Der West Highland White Terrier fordert hier durch Körpersprache zum Spiel auf. Er bellt und „verbeugt" sich. Der Irish Setter wird oft für die Jagd verwendet. Auch der Englische Cocker Spaniel ist ein Jagdhund. Ursprünglich wurde der Golden Retriever als Jagdhund gezüchtet. Man kann ihn aber auch als Rettungshund einsetzen. Mit seinem guten Geruchssinn rettet er Menschen, die durch ein Erdbeben oder eine Lawine verschüttet wurden. Der Border Collie gehört zur Rasse der Arbeits- und Hütehunde. Er behält selbst große Schafherden im Blick. Der Husky wird im hohen Norden als Schlittenhund eingesetzt. Der Neufundländer eignet sich gut als Familienhund. Gegen einen Neufundländer wirkt der Yorkshire-Terrier wie ein Zwerg, er ist aber so mutig wie ein großer Hund. Die gescheckten Dalmatiner sind sehr kinderlieb und brauchen viel Auslauf.

Indianer

Indianer sind die Ureinwohner Amerikas. Wahrscheinlich sind sie vor mehr als 20 000 Jahren aus Asien eingewandert. Damals trennte die beiden Kontinente noch kein Meer. Sie waren Jäger und Sammler. Ihre Reittiere waren wilde Mustangs.

Indianerstämme
Im Laufe der Zeit entwickelten sich verschiedene Stämme und Kulturen. Die Navajos im Südwesten der USA waren Viehzüchter, während die Puebloindianer hauptsächlich Mais, Bohnen und Baumwolle anbauten. Die Puebloindianer wohnten in Lehmstädten, die sie in steile Felshänge bauten. Die Irokesen lebten in riesigen Langhäusern in Nordamerika. An der Westküste ernährten sich die Kwakiutl vom Fischfang und der Jagd.

Pfeil und Bogen

Die Cheyenne, Komantschen und Sioux lebten von der Jagd. Sie jagten mit ihren Wildpferden Büffel, die es damals noch zu Millionen gab. Pfeil und Bogen sowie Wurfspeere waren ihre Waffen. Die Büffel stellten ihre Lebensgrundlage dar. Aus dem Leder fertigten sie kegelförmige Stangenzelte, die Tipis, aber auch Decken, Kleidung und Mokassins. Aus Knochen und Hörnern wurden verschiedene Werkzeuge hergestellt.
Im 19. Jahrhundert gelangten immer mehr Europäer nach Amerika. Es kam zu vielen erbitterten Kämpfen. Sie vertrieben die Indianer und töteten die Büffelherden. Damit war die Lebensgrundlage der Indianer zerstört. Heute gibt es noch etwa 2 Millionen Indianer aus 544 Stämmen in Nordamerika. Sie leben alle in Reservationen, die sie selbst verwalten. Reservationen sind kleine, verstreute Gebiete, die ihnen von der amerikanischen Regierung zugewiesen worden sind.

Insekten

Bis heute sind mehr als 750 Millionen Insektenarten bekannt. Auffällig sind ihre beiden großen Netzaugen, die aus vielen winzigen Einzelaugen zusammengesetzt sind. Obwohl alle Insekten zwei Fühler, sechs Beine und meist vier Flügel haben, unterscheiden sie sich in Größe und Form sehr. Der Hirschkäfer wird bis zu 8 cm lang, während man einen Floh kaum mit dem Auge wahrnimmt. Zu den bekanntesten Insekten gehören die Ameisen, Bienen, Käfer und Schmetterlinge.

Nützliche Insekten …

Die meisten Insektenarten sind sehr nutzbringend. Sie bestäuben Blüten oder dienen anderen Tieren als Nahrung. Bienenhonig ist eines der am längsten bekannten Nahrungsmittel des Menschen.

... und Schädlinge

Es gibt aber auch Insektenarten, die Schaden anrichten können. Einige Fliegenarten übertragen ansteckende Krankheiten. Flöhe sind Parasiten, die sich von Tieren ernähren und auch Menschen befallen. Die Raupen des Kohlweißlings können ganze Ernten vernichten.

Schmetterlinge machen eine vollkommene Verwandlung durch. Diesen Vorgang nennt man Metamorphose. Aus den Eiern schlüpfen Larven. Sie fressen sich dick und fett und verpuppen sich schließlich. In dieser Ruhephase fressen sie nichts. Nach einer Weile schlüpft aus der Puppenhülle der fertige Schmetterling.

Jahreszeiten

Innerhalb von 365 Tagen umrundet die Erde einmal die Sonne.

Sommer – Winter
Weil die Erdachse in einem schrägen Winkel zur Erdumlaufbahn steht, werden die Länder nördlich und südlich des Äquators unterschiedlich lang von der Sonne beschienen. Ein halbes Jahr lang ist die nördliche Halbkugel mehr der Sonne zugewandt. Die Sonnenstrahlen fallen dann steiler ein und bringen mehr Wärme. Die Tage sind länger. Es ist Sommer. Wenn auf der Nordhalbkugel Sommer ist, herrscht auf der Südhalbkugel Winter und umgekehrt.
An den Polen ist immer ein halbes Jahr lang Sommer und ein halbes Jahr lang Winter.

Herbst: Die Nordhalbkugel wendet sich von der Sonne ab.

Die Zugvögel sammeln sich und fliegen nach Süden.

Die Blätter fallen ab.

Die Blumen verwelken.

Der Hamster sammelt Vorräte.

Am 22./23. September ist Herbstanfang. Tag und Nacht sind gleich lang.

Winter: Die Südhalbkugel ist der Sonne zugewandt.

Der Baum ist kahl.

Nur wenig Vögel bleiben im Winter bei uns.

Der Hamster hält Winterschlaf.

Die Blumen ziehen sich ins Erdreich zurück.

Wenn am 21. Dezember der Winter beginnt, ist es der kürzeste Tag und die längste Nacht des Jahres.

Die Polgebiete sind immer entweder ganz der Sonne zugeneigt oder von ihr entfernt. Das bedeutet, dass die Sonne im Sommer selbst nachts nie untergeht, dafür aber im Winter nie scheint. In den Gebieten um den Äquator ist es immer heiß und sonnig, weil die Sonne senkrecht zur Erde steht.

Die Jahreszeiten
Bei uns gibt es die vier Jahreszeiten.
Frühling: Die Tage werden länger, Luft und Boden erwärmen sich. Das Wachstum der Pflanzen setzt ein.
Sommer: Jetzt sind die Tage lang und warm. Blumen blühen und Früchte wachsen heran.

Herbst: Im Herbst werden die Tage wieder kürzer, die Kraft der Sonne lässt nach. Nüsse und Früchte reifen. Die Blätter der Bäume verfärben sich und fallen ab.
Winter: Die Tage werden immer kürzer und kälter. Der Boden ist gefroren. In dieser Zeit wächst nichts.

Katzen

Katzen sind eigenwillige und verspielte Tiere, die vorzüglich sehen, hören und riechen können. Außerdem sind sie ausgezeichnete Jäger und eng mit Löwen und Tigern verwandt. Katzen jagen gerne während der Dämmerung.

Bereits vor 5000 Jahren hielten sich die Ägypter Katzen. Sie sollten ihre Lebensmittel vor Ratten und Mäusen schützen. Alle heutigen Hauskatzen stammen von der Falbkatze, einer ägyptisch-palästinensischen Wildkatze, ab.

Bekannte Katzenrassen
Zu den Kurzhaarrassen gehören die dreifarbige Hauskatze, die Siamkatze, die Wildfarbene Tigerkatze, die Burmakatze und die Russisch-Blau-Katze. Die Türkische Angorakatze entstammt einer Langhaarrasse.

Krokodile und Echsen

Krokodile und Echsen gehören ebenso wie die Schlangen zu den Reptilien, das ist ein anderer Ausdruck für Kriechtiere. Sie leben im Meer, in Seen und Flüssen und auf dem Land. Ihre Vorfahren waren Dinosaurier, Flugsaurier und Fischechsen, die vor 65 Millionen Jahren ausgestorben sind. Alle Reptilien gehören zu den Kaltblütern. Das bedeutet, dass ihre Körpertemperatur von der Wärmezufuhr aus der Umgebung abhängig ist. Aus diesem Grund findet man sie eher in warmen als in kalten Ländern. Reptilien haben eine feste Haut aus Hornschuppen, Schildkröten besitzen sogar einen Panzer. Der Wasserverlust aus ihrem Körper ist sehr gering. Dadurch können sie auch in trockenem Klima überleben.

Rind

Kühe und Rinder

Das Rind ist eines der wichtigsten Haus- und Nutztiere der Erde. Es stammt vom Auerochsen ab, der seit dem 17. Jahrhundert ausgestorben ist.
Es gibt viele bekannte Rinderrassen wie Schwarzbunte, Rotbunte, Fleckvieh oder Braunvieh. Beim Schwarzbunten Rind erreicht die Kuh manchmal ein Gewicht von 700 kg. Der Stier, das geschlechtsreife männliche Rind, kann bis zu 1200 kg wiegen. Das weibliche Rind heißt Kuh. Jungtiere werden Kalb genannt.

In Indien verehrt man die Kuh als heiliges Tier. So gilt zum Beispiel ihr Urin als Heilmittel.

Nutztiere

Rinder liefern den Menschen Milch und Fleisch. Weil das Rind ein so wichtiges Nutztier

Kalb

Im Sommer werden die Tiere auf der Weide gehalten, im Gebirge auf der Alm.

ist, wird es gezüchtet. Manche Kühe erzeugen in einem Jahr bis zu 6000 l Milch. Andere geben einen hohen Fleischertrag ab.
In Teilen Afrikas oder Asiens werden Rinder noch heute als Zugtiere eingesetzt. Sie helfen den Bauern bei der Feldarbeit und ersetzen den Traktor.

Wiederkäuer
Rinder fressen jeden Tag bis zu 70 kg Gras. Sie schlucken es unzerkaut. Rinder verdauen die Nahrung in ihren vier Mägen. Im Pansen, dem ersten Magen, beginnt die Verdauung. Danach wandert das Gras über den Netzmagen zurück ins Maul. Jetzt zerkaut das Rind die Nahrung und vermischt sie mit Speichel. Das nennt man Wiederkäuen. Dann wird der Brei wieder geschluckt und wandert über den Blättermagen in den Labmagen. Hier wird Säure produziert, die die Nahrung zersetzt – sie wird verdaut. Nicht verwertbare Reste scheidet das Rind über den Darm aus.

In der Fahrerkabine des Kühllastwagens befinden sich Kühlschrank, Bett und Fernseher.

Kühllastwagen

Lastwagen

Heute werden die meisten Waren mit Lastwagen transportiert. Die Beförderung über die Schienen ist zwar umweltfreundlicher, aber auch teurer. Lastwagen liefern frische oder tiefgekühlte Lebensmittel zu Supermärkten, fahren Rohmaterialien zu Fabriken und transportieren die Kraftstoffe Benzin und Diesel zu den Tankstellen. Sie bringen die Milch von den Bauernhöfen zu den Milchwerken. Lastwagen liefern Waren selbst in abgelegene Gebiete in aller Welt.

Die verschiedenen Lastwagen

Lastwagen sehen ganz unterschiedlich aus, je nachdem, wofür sie gebraucht werden. Der Tanklastwagen befördert Benzin. Sein Ladetank ist aus Sicherheitsgründen in mehrere

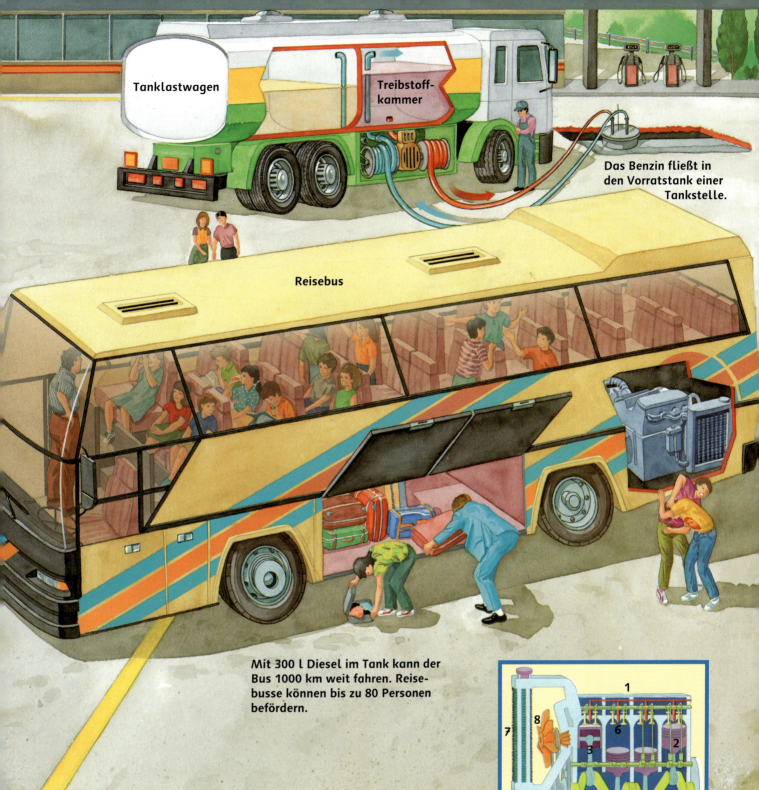

Tanklastwagen

Treibstoff-kammer

Das Benzin fließt in den Vorratstank einer Tankstelle.

Reisebus

Mit 300 l Diesel im Tank kann der Bus 1000 km weit fahren. Reisebusse können bis zu 80 Personen befördern.

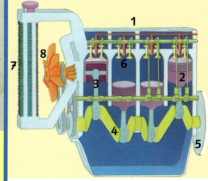

Im Dieselmotor (1) arbeiten Kolben (2), die den Motor antreiben. Sie sind über Pleuelstangen (3) mit der Kurbelwelle (4) verbunden. Diese setzt die Auf-und-ab-Bewegung der Kolben in eine Drehbewegung der Schwungscheibe (5) um. Die Einspritzdüsen (6) versorgen den Motor mit Kraftstoff. Kühler (7) und Kühlventilator (8) verhindern, dass der Motor zu heiß wird.

Kammern unterteilt. Er fasst über 20 000 l Treibstoff. Außerdem gibt es Feuerwehrautos, Müllwagen, Autotransporter, Schwerguttransporter, Lastwagen mit einem Kran, Betonmischer, Umzugslastwagen, Straßenreinigungsmaschinen, Kipplaster und viele andere.

Die meisten Lastwagen sind Sattelzüge. Sie bestehen aus einer Zugmaschine mit Motor, einem Führerhaus und einem oder mehreren Anhängern. Die Gelenkverbindungen zwischen Zugmaschine und Anhänger machen sie leichter steuerbar, als dies mit einem durchgehenden Fahrgestell der Fall wäre.

Regenwürmer machen aus Pflanzenabfällen fruchtbare Erde. Durch ihre Röhren „lüften" sie den Boden. Amseln und Drosseln ernähren sich von ihnen.

Leben in der Erde

Unter dem Wiesenboden leben viele Tiere: Maulwürfe, Regenwürmer, Mäuse, Insekten, Spinnen und Schnecken. Regenwürmer graben Röhren durch den Boden und lockern dadurch die Erde. Aus diesem Grund sind sie bei Gärtnern sehr beliebt.

Maulwürfe, Vögel und Spitzmäuse schätzen Regenwürmer als Leckerbissen. Die Amsel zieht hier einen Regenwurm aus seinem Gang heraus.
Feldmäuse leben in unterirdischen Bauen. Dort schlafen sie, verstecken sich und ziehen ihre Jungen auf. Die Gänge verlaufen oft flach unter der Erde. Das Maikäfer-Weibchen legt seine Eier in Erdhöhlen ab. Aus den Eiern schlüpfen Engerlinge. So nennt man die Larven des Maikäfers. Sie fressen die Wurzeln von kleinen Pflanzen.

Maulwurfshügel

Maikäfer

Käferlarven oder Engerlinge

Die Maulwurfsmutter säugt ihre noch blinden Jungen.

Vorratskammer

Für den Winter fängt der Maulwurf Regenwürmer, lähmt sie durch einen Biss und bewahrt sie in einer Vorratskammer auf.

Nach drei bis vier Jahren verpuppen sie sich. Aus der Puppe schlüpft im Herbst der fertige Maikäfer. Er überwintert in einer Erdhöhle.
Die Schnirkelschnecke legt im Frühling etwa 40 bis 80 Eier in ein Erdloch. Nach knapp drei Wochen schlüpfen die Jungschnecken.

Tunnelbauer Maulwurf
Der Maulwurf hat breite, schaufelförmige Pfoten. Damit gräbt er bis zu 150 Meter lange, weitverzweigte Gänge. Die Erde, die er herausschaufelt, bildet die Maulwurfshügel. Etwa einen halben Meter tief liegt das Maulwurfsnest. Es ist mit Blättern, Gras und Moos ausgepolstert. Dort bringt das Weibchen ihre Jungen zur Welt und säugt sie. In seiner Vorratskammer bewahrt der Maulwurf die Nahrung für den Winter auf, zum Beispiel Regenwürmer, Insekten oder Mäuse.
Auch Fuchs, Iltis, Kaninchen und Dachs haben ihre Höhlen unter der Erde.

Luftschiff von Santos-Dumont (1901)

Luftschiff Macon (1933)

Luftschiff R 34 (1919)

Montgolfier-Ballon (1783)

Luftschiffe und Ballons

Der erste Ballon wurde von den Franzosen Joseph und Etienne Mongolfier aus Stoff und Papier gebaut. Er stieg 1783 mit einem Feuer aus Stroh und feuchter Wolle in die Luft. Der Ballon von Charles und Robert fuhr mit explosivem Wasserstoff.

Erste Luftschiffe
General Meusnier versuchte 1785 den ersten Ballon lenkbar zu machen. Großes Aufsehen erregte der Brasilianer Alberto Santos-Dumont mit seinem Luftschiff „Balladeuse" Nr. 9. 1901 umfuhr er damit den Eiffelturm. Die R 34 war ein englisches Luftschiff, das 1919 erstmals den Atlantik überquerte.

Modernere Luftschiffe
1928 machte die „Graf Zeppelin" ihren Jungfernflug. Sie war größer als ein Fußballfeld und

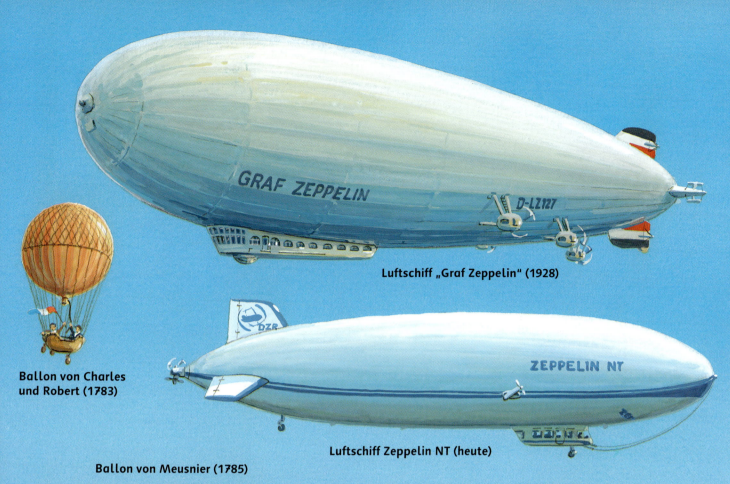

Luftschiff „Graf Zeppelin" (1928)

Ballon von Charles und Robert (1783)

Luftschiff Zeppelin NT (heute)

Ballon von Meusnier (1785)

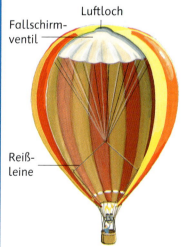

Heißluftballons

Heißluftballons fahren mit dem Wind, deshalb kann man die Richtung nicht bestimmen. Es lässt sich nur die Flughöhe beeinflussen. Beim Steigen drehen die Fahrer das Brennerventil auf. Die erwärmte Luft in der Hülle steigt auf und mit ihr der Ballon. Soll der Ballon sinken, zieht der Fahrer die Reißleine. Durch ein Luftloch dringt kühlere, schwere Luft. Der Ballon sinkt.

konnte 20 Passagiere bis nach Amerika mitnehmen. Ein Jahr später umfuhr die „Graf Zeppelin" als erstes Luftschiff die Erde. Das ist bis heute nicht wiederholt worden.
Im Jahr 1930 wurde eine Luftverbindung von Europa nach Nord- und Südamerika eingerichtet. Sie wurde sechs Jahre aufrechterhalten. Sehr viele Fahrgäste nutzten diesen Liniendienst.
Das amerikanische Luftschiff Macon wurde 1933 für Patrouillen eingesetzt. Der Zeppelin NT ist ein modernes Luftschiff, das für Schauflüge eingesetzt wird. Er wird seit den 1990er-Jahren gebaut.

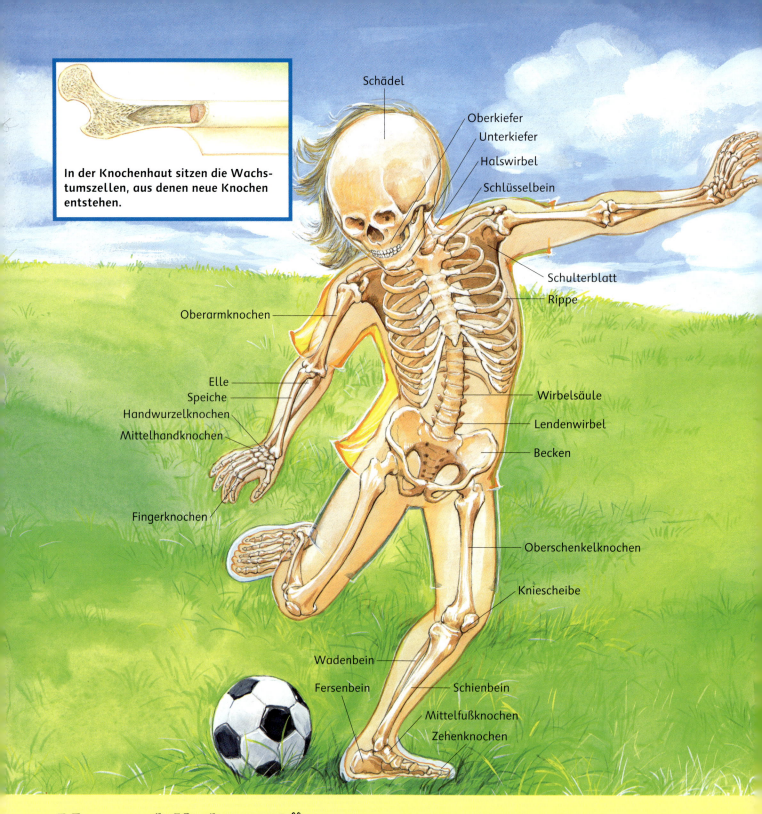

In der Knochenhaut sitzen die Wachstumszellen, aus denen neue Knochen entstehen.

Menschlicher Körper

Das Skelett ist das Knochengerüst, das dem Körper Halt gibt und seine Organe schützt. Der Mensch hat 206 Knochen. Der kleinste Knochen ist der Steigbügelknochen im Mittelohr, der größte ist der Oberschenkelknochen.

Muskeln
Die meisten Muskeln bewegen die Knochen mit den Gelenken. Andere Muskeln befinden sich in den Organen oder unter der Haut. Sie arbeiten, ohne dass wir es merken. Die Muskeln erhalten Energie über das Blut.

Die Organe
Alle unsere Organe, Gliedmaßen, die Nerven und das Gehirn arbeiten zusammen, damit der Körper gut funktioniert. Über das Gehirn und die Nervenbahnen wird unser Körper gesteuert. Die Nervenbahnen

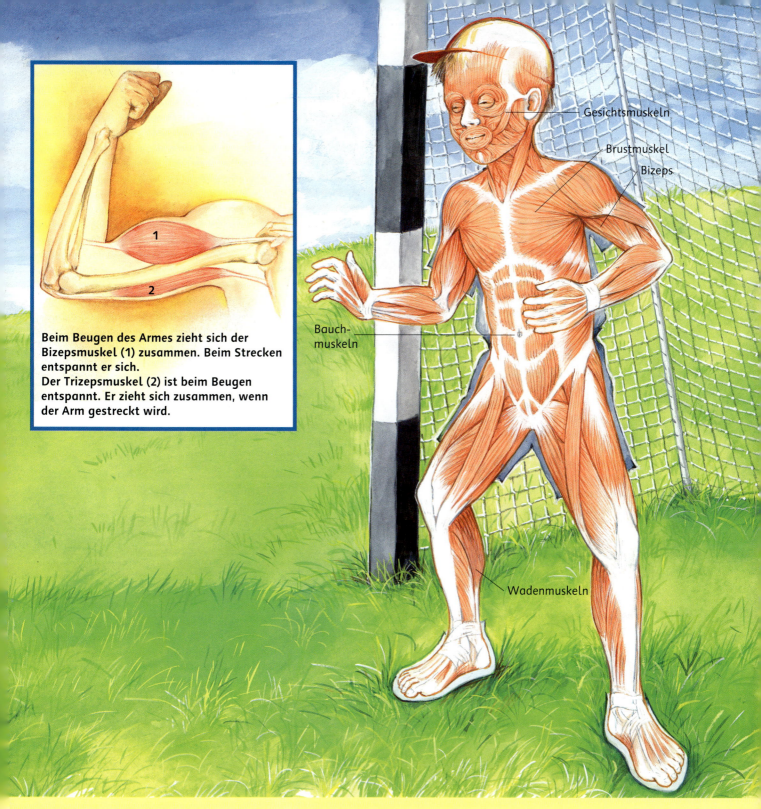

Beim Beugen des Armes zieht sich der Bizepsmuskel (1) zusammen. Beim Strecken entspannt er sich.
Der Trizepsmuskel (2) ist beim Beugen entspannt. Er zieht sich zusammen, wenn der Arm gestreckt wird.

leiten Wahrnehmungen an das Gehirn weiter. Sie übermitteln Befehle vom Gehirn an die Muskeln. Das Herz schlägt am Tag etwa 100 000-mal. Das Blut versorgt alle Organe mit Sauerstoff. Zu den Inneren Organen gehören zum Beispiel die Lungen, die Leber, der Magen, die Nieren, der Darm und die Blase.

Sinneswahrnehmungen
Hören, Riechen, Fühlen, Schmecken und Sehen: Über unsere fünf Sinne nehmen wir die Welt wahr. Jeder Sinn gibt seine Informationen an unser Gehirn weiter. Die Nervenzellen in der Nase melden dem Gehirn, was man riecht. Mit den Geschmacksknospen auf der Zunge schmeckt man. Über die Haut empfindet man Hitze, Kälte und Schmerz. Die wichtigsten Teile des Auges sind der Augapfel, die Iris, die Pupille und die Tränendrüse. Diese produziert eine Flüssigkeit, die die Augen feucht hält. Geräusche werden im Ohr in Botschaften an das Gehirn umgewandelt.

Meteore und Kometen

Sternschnuppen oder Meteore sind Leuchterscheinungen am Himmel.

Meteore
Verursacht werden sie durch viele Meteoriten. Das sind kleine Körper, die mit großer Geschwindigkeit auf die Lufthülle der Erde stoßen und dort verglühen. Ursprünglich waren sie Bruchstücke von Monden oder von Asteroiden (kleine Planeten), die im Weltall zusammengestoßen sind und auseinanderbrachen.

Etwa 500-mal im Jahr geschieht es, dass ein Meteorit die Erde erreicht, bevor er verglüht. Diese Meteoriten bestehen aus Eisen oder Stein. Der größte bisher auf der Erde gefundene Meteorit ist ein Eisenklotz, der etwa 60 000 kg wiegt. Trifft ein

Meteorit auf die Erde, so kann sein Einschlag weite Gebiete zerstören.

Kometen

Kometen sind wie riesige, schmutzige Schneebälle. Sie bestehen aus einem Gemisch aus Gesteinsstücken, Eis und Gasen. Der berühmteste ist der Halleysche Komet, der im Bild gezeigt wird. Er nähert sich alle 75 Jahre der Sonne. Dabei heizt er sich so auf, dass sein Eis teilweise verdampft. Gase und Staub werden freigesetzt. Um den Kern des Kometen entsteht eine leuchtende Gaswolke, die in einem Kometenschweif ausläuft.

Vor etwa 25 000 Jahren schlug ein Meteorit mit 30 m Durchmesser auf die Erde auf. Er riss in der Wüste Arizona (USA) ein 180 m tiefes und 1200 m breites Loch in die Erde.

Mond

Der Mond ist unser nächster Nachbar im Weltall und viermal kleiner als die Erde. Er umkreist nicht die Sonne, sondern die Erde.
Die Anziehungskraft der Erde bewirkt, dass sich der Mond immer um sie dreht.

Die Gezeiten
Der Mond verursacht die Gezeiten. Das ist die Bezeichnung für Ebbe und Flut. Zweimal am Tag steigt und fällt im Abstand von 6 Stunden der Meeresspiegel. Durch die Anziehungskraft des Mondes entsteht auf der Seite der Erde, die dem Mond zugewandt ist, ein Wasserberg. Dieser wandert mit dem Mond um die Erde. Bewegt sich der Wasserberg auf eine Küste zu, so hebt sich der Meeresspiegel zur Flut. Aber auch auf der mondabgewandten Seite der

Erde türmt sich ein Wasserberg auf. Zwischen diesen beiden Flutbergen herrscht Niedrigwasser – die Ebbe. Bei Neumond und bei Vollmond sind Sonne und Mond in einer Linie mit der Erde. Dann verstärken sich die Anziehungskräfte auf die Erde und eine sehr hohe Flut entsteht.

Die Mondphasen

Für eine Umrundung der Erde benötigt der Mond 28 Tage. Dabei wird er vom Sonnenlicht erhellt. Weil sich der Mond um die Erde dreht, erreicht ihn das Licht aus verschiedenen Richtungen. Deshalb sehen wir ihn in den Mondphasen als zunehmenden Mond (1), Halbmond (2), Vollmond (3) oder abnehmenden Mond (4).

Musikinstrumente

Menschen erfreuen sich an Musik. Sie gehört zu Festen, aber auch zum Alltag.

Die Musikinstrumente
Heute unterscheiden wir vor allem drei Gruppen: die Schlag-, Blas- und Saiteninstrumente.

Der Klang eines Instruments wird durch das Material bestimmt, aus dem es hergestellt ist (zum Beispiel Holz oder Metall). Auch die Form und Größe beeinflussen den Klang. In einem Sinfonieorchester spielen viele Musiker verschiedene Instrumente. Der Dirigent leitet das Orchester. Folgende Instrumente sind abgebildet: Trompete (1), Kornett (2), Posaune (3), Englischhorn (4), Sopransaxofon (5), Altsaxofon (6), Tenorsaxofon (7), Baritonsaxofon (8), Okarina (9), Mund-

harmonika (10), Fagott (11), Oboe (12), Bassklarinette (13), Blockflöte (14), Schalmei (15), Klarinette (16), Querflöte (17), Pikkoloflöte (18), Triangel (19), Tamburin (20), Trommelschlegel (21), Gong (22), Steel-Drum (23), Trommel (24), Dudelsack (25), Maultrommel (26), Bongo (27), Marimbafon (28), Xylofon (29), Vibrafon (30), Keyboard (31), Stimmgabel (32), Orgel (33), Waldhorn (34), Violine (35), Viola (36), Cello (37), Kontrabass (38), Zither (39), Banjo (40), Hackbrett (41), Spinett (42), Panflöte (43), Jazzbesen (44), Kastagnetten (45), Sousafon (46), Helikon (47), Serpent (48), Tuba (49), Tenorhorn (50), Balalaika (51), Ukulele (52), Mandoline (53), Gitarre (54).

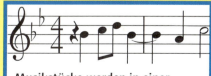

Musikstücke werden in einer Notenschrift aufgezeichnet. Bestimmte Noten und Zeichen legen genau fest, wie ein Musikstück gespielt werden muss.

Naturphänomene

An Nord- und Südpol kann man Polarlichter bewundern. Die verschlungenen Lichter entstehen immer dann, wenn die Sonne elektrisch geladene Teilchen in die Lufthülle der Erde schleudert. Die Teilchen werden von den magnetischen Erdpolen angezogen und beginnen zu leuchten. Eine Fata Morgana ist eine doppelte Luftspiegelung. Diese Sinnestäuschung ist oft in Wüsten zu beobachten. Der Himmel spiegelt sich dabei auf dem Wüstenboden. Die Spiegelung sieht aus wie Wasser. Manchmal erscheinen sogar Oasen, die in Wirklichkeit sehr weit entfernt sind.
Geysire sind Springquellen, die in Vulkangebieten vorkommen. Quellwasser wird unter der Erde so erhitzt, dass es zu kochen beginnt. Es schießt schließlich

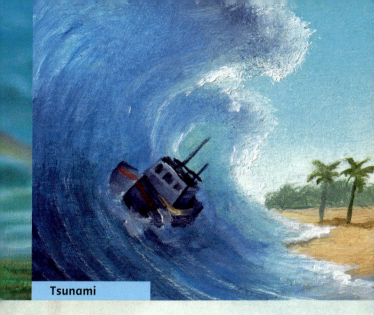
Tsunami

Roter Regen

Geysir

als Dampf durch Erdrisse in die Höhe.
Ein Regenbogen entsteht, wenn bei Regen das Sonnenlicht durch die vielen Millionen Tropfen fällt. Das Sonnenlicht wird dabei in seine sieben Farben zerlegt: Rot, Orange, Gelb, Grün, Hellblau, Dunkelblau und Violett.

Wenn starke Winde Sandkörner aus der Sahara bis zu uns transportieren, färbt sich das Tageslicht rötlich.

Verheerende Kräfte der Natur
Mit unvorstellbarer Kraft bricht ein Tornado über das Land. Dieser trichterförmige Wirbelsturm kann sogar Güterwagen wie Pappkartons durch die Luft schleudern.
Riesige Flutwellen (Tsunami) sind die Folge von Seebeben. Sie brauchen oft Tausende von Kilometern, bevor sie sich zu über 30 m hohen Wellen auftürmen. Ganze Küstengebiete können von ihnen mitgerissen werden.

Obst

Obst enthält viele Vitamine und ist daher sehr gesund. Es sollte möglichst kühl und luftig aufbewahrt werden. Obst kann man roh oder in getrockneter Form essen. Obst lässt sich auch zu Fruchtsäften, Marmeladen oder Soßen verarbeiten.

Alle Obst tragenden Pflanzen sind aus Wildpflanzen entstanden.

Die heimischen Obstarten
Man unterscheidet bei unserem heimischen Obst verschiedene Arten. Wenn sich aus dem Fruchtknoten unter der Blüte eine Frucht entwickelt, die mehrere Kerne enthält, spricht man von Kernobst. Dazu zählen Birne, Apfel und Quitte. Das Steinobst hat in seinem Inneren einen harten Kern, in dem der Samen ist. Aprikose, Pflaume

oder Zwetschge, Pfirsich und Kirsche gehören zum Steinobst. Beim Beerenobst sind in das Fruchtfleisch Samen eingebettet. Ihr Geruch und Aussehen lockt Vögel an. Diese fressen die Beeren und scheiden die Samen aus. Dadurch sorgen die Vögel für die Verbreitung der Samen. Zum Beerenobst zählen Stachelbeere, Erdbeere, Brombeere, Johannisbeere, Heidelbeere, Holunderbeere und Himbeere.

Die Südfrüchte
Südfrüchte sind Obstarten, die bei uns nicht oder nur wenig gedeihen, weil sie viel Wärme brauchen und oft auf Frost empfindlich reagieren. Südfrüchte sind Weintrauben, Sternfrucht, Banane, Feige, Kiwi, Granatapfel, Zitrone, Kaki, Grapefruit, Orange, Kumquat, Papaya, Avocado, Melone, Ananas und Datteln. Die Früchte der Dattel stammen zum Beispiel von der Dattelpalme, die in Afrika und Indien wächst.

Ozean

Fast zwei Drittel unserer Erde sind von Wasser bedeckt. Die Ozeane bilden eine zusammenhängende Wassermasse, die durch die Kontinente getrennt wird. Die Meere beeinflussen unser Klima, liefern Nahrung, Energie und wertvolle Bodenschätze. Ihr Wasser bewegt sich in großen Kreisläufen. Zweimal täglich steigt und sinkt der Wasserstand an den Küsten. Diesen Wechsel nennt man Gezeiten. Unter dem Meeresspiegel verbirgt sich eine fremdartige Landschaft. Sie besteht aus verschiedenen Gebirgsketten und Schluchten. Der Marianengraben im Pazifik ist 11 km tief und damit die tiefste Stelle des Ozeans. Der höchste Berg der Erde, der Mount Everest, würde mit seinen 8848 m umgekehrt in diese Schlucht hineinpassen.

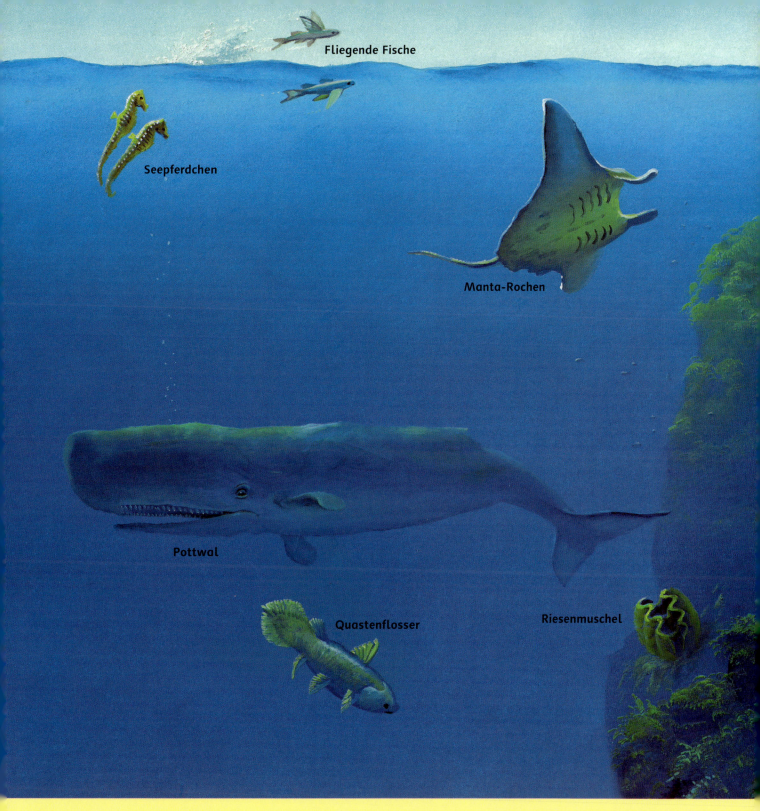

Meerestiere und -pflanzen
Die Portugiesische Galeere besteht aus vielen quallenartigen Polypen, die sich unterschiedliche Aufgaben teilen. Die Fangpolypen können bis zu 60 m lang werden. Die farbenfrohen Schmetterlingsfische bewohnen Korallenriffe. Kaiserfische tragen an den Kiemendeckeln Stacheln zur Verteidigung. Seepferdchen gehören zu den Fischen. Der Fliegende Fisch hat sehr große Brustflossen und kann damit über die Wasseroberfläche springen. Mit seinen großen Flossen kann der Manta-Rochen sehr schnell schwimmen. Der Weißhai wird bis zu 6 m lang. Der Pottwal kann bis zu 20 m lang und 40 t schwer werden. Mit einer leuchtenden Rute, die aus seiner Rückenflosse herauswächst, lockt der Tiefseeanglerfisch seine Beute an. Der Quastenflosser lebt in großen Meerestiefen. Die Riesenmuschel ist die größte Muschel der Welt.

Pferde

Es gibt Kalt- und Warmblutpferde. Warmblutpferde sind lebhafte Rennpferde mit elegantem Körperbau wie der Araber. Kaltblüter sind ruhig und langsam. Sie haben einen kräftigen Körperbau. Unter dem Begriff Pony fasst man kleine Pferderassen zusammen. Die Esel stammen aus den Bergen Asiens und Nordafrikas. Kreuzt man einen männlichen Esel mit einem weiblichen Pferd, so erhält man ein Muli (Maulesel), ein kräftiges Arbeitstier. Das Zebra ist ein afrikanisches Wildpferd mit schwarz-weiß gestreiftem Fell. Alle heutigen Pferde stammen von dem asiatischen Przewalskipferd ab.

Der Appaloosa war das Reittier der Prärieindianer. Heute ist diese Pferderasse vor allem bei Westernreitern beliebt.

Trinkendes Fohlen

Fohlen

Stute

Vom Fohlen zum Pferd

Das weibliche Pferd nennt man Stute, das männliche Hengst. Das Jungtier ist das Fohlen. Es kommt nach etwa elf Monaten mit den Vorderhufen voran auf die Welt. Gleich nach der Geburt leckt die Stute ihr Fohlen trocken. Dadurch prägt sie sich seinen Geruch ein. Dann versucht das Fohlen aufzustehen. Nach etwa einer halben Stunde steht es zum ersten Mal auf seinen vier staksigen Beinen. Wie alle Säugetiere werden Fohlen mit Muttermilch ernährt. Nach wenigen Wochen beginnt das Fohlen auch Gräser, Halme und Kräuter zu fressen. Je größer es wird, desto mehr werden andere Fohlen und Jungtiere zu seinen Spielgefährten. Sie tollen zusammen über die Weide und machen übermütige Luftsprünge. Nach seinem ersten Geburtstag ist das junge Pferd kein Fohlen mehr, sondern ein Jährling. Richtig ausgewachsen ist es aber erst mit vier bis fünf Jahren.

Pflanzen im Garten

Viele Gärten werden genutzt, um Obst, Gemüse und Kräuter anzubauen. Andere Gärten sind mit bunten Blumen bepflanzt und haben einen gepflegten Rasen. Im Gegensatz zu einer Wiese wird Rasen immer kurz gehalten. Wildblumen und Gräser kommen hier nicht zur Blüte, weil sie vorher abgemäht werden. Nur Gänseblümchen und Wegerich macht der Rasenmäher nichts aus, da ihre Blätter flach am Boden wachsen. Gartengemüse wird meist in ordentlichen Reihen gepflanzt. So kann man leichter das Unkraut entfernen. Wer Wildblumen und Kräuter zwischen die Gemüsesorten setzt, wehrt Schädlinge ab. Im Gemüsebeet wachsen zum Beispiel Salat, Bohnen, Petersilie und Schnittlauch, Möhren und Zucchini.

Pilze

Es sind über 7000 Pilzarten bekannt. Manche werden als Heilmittel eingesetzt, wie zum Beispiel der Penicillin-Pilz. Der Hefepilz wird bei der Herstellung von Alkohol, aber auch beim Backen verwendet, zum Beispiel für den Hefeteig.

Pilze in Wald und auf Wiesen
Diese Pilze nennt man Hutpilze. Einige kann man essen. Viele sind aber ungenießbar oder sogar hochgiftig. Der Champignon wächst auf Wiesen. Der beste Speisepilz ist der Steinpilz. Der goldgelbe Pfifferling ist gut haltbar. Die Speisemorchel ist ein Speisepilz aus dem Flachland. Der Tintling ist als junger Pilz essbar. Stockschwämmchen, Reizker und Hallimasch eignen sich als Mischpilze. Fliegenpilz und Knollenblätterpilz sind hochgiftig.

Polizei

In jedem Land gibt es Gesetze und Vorschriften, die das Zusammenleben der Bewohner regeln. Die Polizei hat dafür zu sorgen, dass diese Regeln eingehalten werden. Die Beamten tragen eine Uniform. Wählt man die Nummer 110, so erreicht man die Einsatzleitzentrale. Hier werden Polizeieinsätze ausgelöst und überwacht.

Kriminalpolizei
Sie ist für die Aufklärung von Straftaten zuständig. Die Beamten befragen Personen, die ein Verbrechen beobachtet haben. Wenn Dinge am Tatort gefunden wurden, lassen sie diese untersuchen. Verdächtige werden verhört. Wenn die Beweise für eine Schuld ausreichen, wird der Tatverdächtige verhaftet und angeklagt.

Schutzpolizei

Mit Einsatzfahrzeugen geht die Schutzpolizei auf Streife und überwacht den Verkehr. Mit dem Polizeihubschrauber können die Polizisten von oben den Verkehrsfluss auf Autobahnen kontrollieren. Nach einem Unfall ohne Verletzte wird zuerst die Unfallstelle gesichert. Dann werden die Personalien der Unfallbeteiligten aufgenommen und der Unfallhergang in einem Protokoll aufgeschrieben.

Bereitschaftspolizei

Die Bereitschaftspolizei ist für die Ausbildung des Nachwuchses zuständig. Sie dient außerdem als Polizeireserve. Bei großen Veranstaltungen oder Demonstrationen sorgt die Bereitschaftspolizei dafür, dass es nicht zu gewaltsamen Ausschreitungen kommt.
Außerdem gibt es noch die Wasserschutzpolizei und die Grenzschutzpolizei. Sie überwachen den inländischen Schiffsverkehr und die Grenzen.

Vom amerikanischen Raumfahrtzentrum Cape Canaveral (Florida) aus starten bemannte Raumflüge.

In der Montagehalle wird das Raumschiff für den Start vorbereitet.

Werkstattgebäude

Ein Raupenfahrzeug bringt das Raumschiff zur Abschussrampe.

Kontrollzentrum

Abschussrampe

Raumfahrt

Erst seit der Erfindung des Raketenantriebs ist die Raumfahrt möglich. Denn nur dieser Antrieb arbeitet auch im luftleeren Raum und kann die Erdanziehung überwinden. Mehrstufenraketen verringern im Flug ihr Gewicht, indem sie ausgebrannte Antriebsstufen abstoßen. Raumfähren wie der Spaceshuttle werden bei der Landung wie ein Flugzeug gesteuert und können sicher landen. Sie befördern Satelliten oder Forschungslabore ins All.

Auf der Umlaufbahn
Viele Satelliten umkreisen die Erde. Der Wettersatellit beobachtet die Wolken und sendet Bilder an die Wetterstationen auf der Erde. Er misst auch Windgeschwindigkeiten und Temperaturen. Außerdem

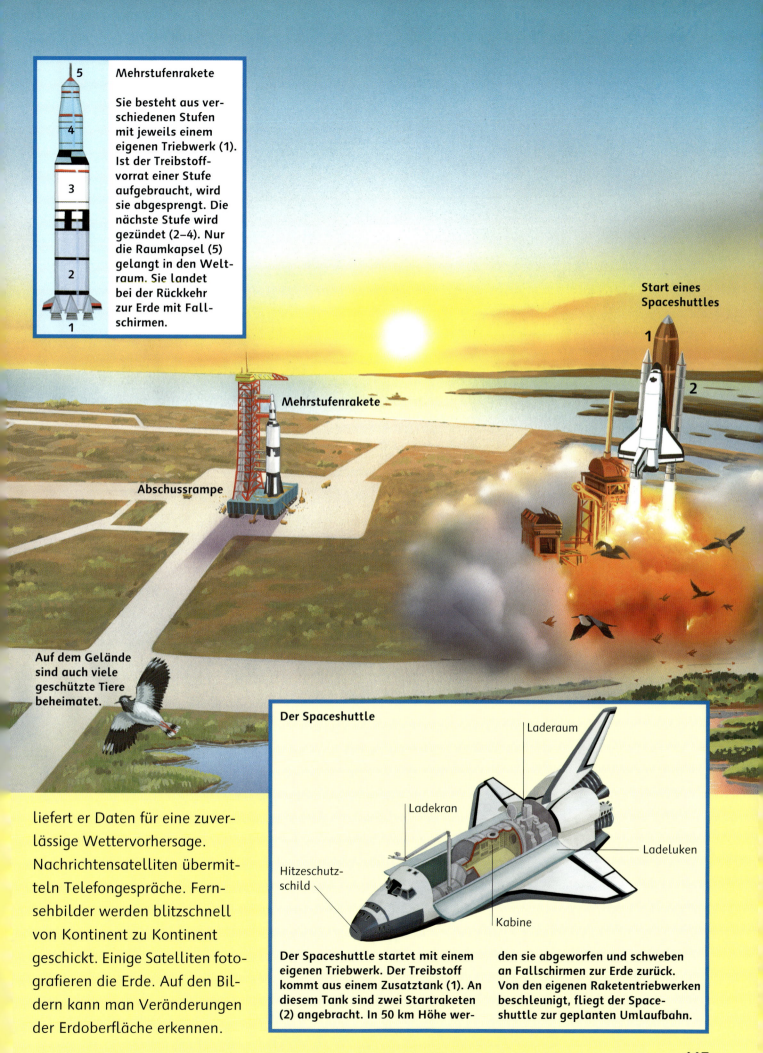

Mehrstufenrakete

Sie besteht aus verschiedenen Stufen mit jeweils einem eigenen Triebwerk (1). Ist der Treibstoffvorrat einer Stufe aufgebraucht, wird sie abgesprengt. Die nächste Stufe wird gezündet (2–4). Nur die Raumkapsel (5) gelangt in den Weltraum. Sie landet bei der Rückkehr zur Erde mit Fallschirmen.

Start eines Spaceshuttles

Mehrstufenrakete

Abschussrampe

Auf dem Gelände sind auch viele geschützte Tiere beheimatet.

Der Spaceshuttle

Laderaum, Ladekran, Ladeluken, Hitzeschutzschild, Kabine

Der Spaceshuttle startet mit einem eigenen Triebwerk. Der Treibstoff kommt aus einem Zusatztank (1). An diesem Tank sind zwei Startraketen (2) angebracht. In 50 km Höhe werden sie abgeworfen und schweben an Fallschirmen zur Erde zurück. Von den eigenen Raketentriebwerken beschleunigt, fliegt der Spaceshuttle zur geplanten Umlaufbahn.

liefert er Daten für eine zuverlässige Wettervorhersage. Nachrichtensatelliten übermitteln Telefongespräche. Fernsehbilder werden blitzschnell von Kontinent zu Kontinent geschickt. Einige Satelliten fotografieren die Erde. Auf den Bildern kann man Veränderungen der Erdoberfläche erkennen.

Regenwald

Die Regenwälder Südostasiens und Südamerikas liegen alle in der Nähe des Äquators. Im Sommer und im Winter ist es dort feuchtheiß. Es regnet fast jeden Tag. Aus diesem Grund wachsen Bäume und Pflanzen sehr schnell.

Tiere und Pflanzen
Im immergrünen Regenwald leben die meisten der bisher erforschten Tier- und Pflanzenarten. In Afrika findet sich zum Beispiel der Gorilla, in Mittel- und Südamerika der Jaguar, der Tukan oder die Anakonda, eine Würgeschlange. Auch das Faultier lebt dort. Es hängt wochenlang fast regungslos an den Ästen. In Asien ist der Orang-Utan zu Hause. Regenwälder liefern kostbare Rohstoffe, wie zum Beispiel Heilpflanzen.

Orang-Utan

Asiatischer Elefant

Stockwerke

Der Regenwald besteht meist aus drei „Stockwerken". Besonders hohe Bäume bilden das oberste Stockwerk. Das mittlere Stockwerk sind Bäume, die zwischen 20 und 30 m hoch sind. Bis in 10 m Höhe erstreckt sich das unterste Stockwerk. Hier wachsen vor allem Sträucher und junge Bäume. Die Kronen der Bäume sind so dicht, dass kaum noch Sonnenlicht auf den Boden gelangt und wenig wächst.

Zerstörung des Regenwaldes

Das Holz der Baumriesen ist begehrt. Durch das Abholzen sind Regenwälder die am stärksten bedrohten Lebensräume der Erde. Nicht nur die dortige Tier- und Pflanzenwelt ist in Gefahr, sondern auch unser Klima. Denn die Regenwälder produzieren große Mengen an Sauerstoff für die ganze Erde. Daher werden alle Regenwälder auch „grüne Lunge" genannt.

Reptilien und Spinnentiere

Schlangen sind sehr anpassungsfähige Reptilien. Obwohl sie keine Beine haben, können sie sich flink bewegen. Der Baumpython und die Anakonda gehören zu den ungiftigen Riesenschlangen. Sie werden bis zu 10 m lang und erdrosseln ihre Beute. Die Anakonda kann sogar Tiere bis zu einer Größe eines Wildschweins unzerkleinert verschlingen. Sie lebt hauptsächlich im Wasser.
Giftschlangen töten ihre Opfer durch einen Biss. Zu den Giftnattern gehören zum Beispiel die Kobra und die Blattgrüne Mamba. Seeschlangen gelten als besonders giftig.
Die Ringelnatter ist für den Menschen völlig harmlos. Da sie keine Giftzähne hat, verschlingt sie die Beute lebend.

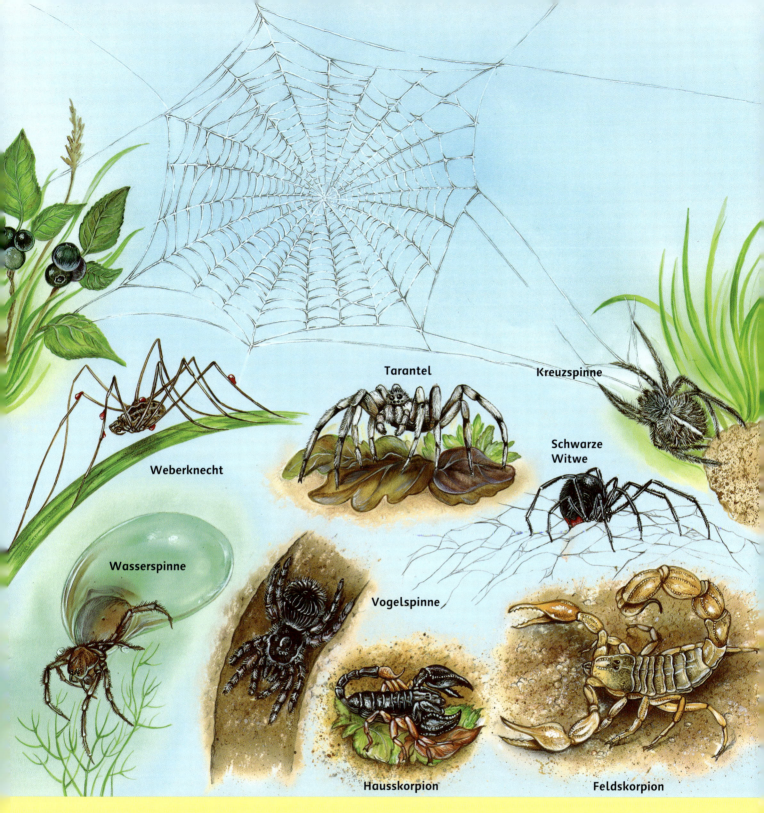

Skorpione und Spinnen gehören zu den Spinnentieren und haben acht Beine.

Spinnenarten
Die Beine des Weberknechts sind sehr lang. Bei Gefahr kann er ein Bein abwerfen.
Die Tarantel gehört zur Familie der Wolfsspinnen. Ihr Biss ist schmerzhaft, aber ungiftig. Sie baut keine Netze, sondern pirscht ihre Beute an. Das Gift der Schwarzen Witwe kann auch für den Menschen tödlich sein. Sie beißt aber nur selten. Die Kreuzspinne zählt zu den Radnetzspinnen. Vogelspinnen sind die größten Spinnen, die es gibt.

Skorpionarten
Skorpione wie den Hausskorpion und den Feldskorpion gab es bereits vor 400 Millionen Jahren. Am Kopf haben sie große Scheren. An ihrem Schwanzende sitzt ein Stachel mit Gift. Die in Europa lebenden Skorpione sind für den Menschen meist ungiftig.

Ritterburg

Im Mittelalter lebten reiche Adlige in Burgen. Zum Schutz vor Überfällen bauten sie die Burgen auf einem von Wasser umgebenen Hügel oder auf Felsen. Mächtige Mauern mit Wehrtürmen umgaben sie von allen Seiten.

Der Wohnturm
Der Palas oder Wohnturm (1) war das Hauptgebäude einer Burg. Hier wohnte der Burgherr mit Familie. Im Palas befanden sich das Schlafgemach des Burgherrn (2), ein Festsaal (3), ein Raum für die Soldaten (4) und Vorratskammern (5). Der Eingang (6) zum Palas lag zum Schutz vor Angreifern sehr hoch. Die Wendeltreppen (7) in den Burgtürmen dienten dazu, Feinde durch Schwertstreiche von oben abzuwehren. Das Klo (8) war an die Außenmauer

angebaut. Es war ein ummauerter Sitz mit einer Öffnung nach unten. Der Palas war umgeben von einer inneren Ringmauer (9) und dem inneren Burghof (10). In diesem Teil der Burg gab es eine Kapelle (11), Handwerker wie den Schmied (12), einen Brunnen (13) und einen Kräuter- und Gemüsegarten (14).

Die Vorburg
Die Vorburg (15) war ebenfalls ummauert. Dort befanden sich Ställe (16) und weitere Werkstätten. Bei Angriffen hielten sich auch die Dorfbewohner in der Vorburg auf. Große Turnierkämpfe wurden ebenfalls dort veranstaltet. Die Vorburg wurde geschützt durch die äußere

Ringmauer (17) und das Burgtor (18) mit der Zugbrücke und dem Fallgatter (19). Auf den Wachtürmen (20) hielten Soldaten Wache. Bei einem Angriff verteidigten sie die Burg von den Wehrgängen (21) aus. In einem Turm der Burgmauer wurden Gefangene im Verlies (22) festgehalten.

Römer

Das Römische Reich hatte eine starke Armee. Die Römer eroberten vor mehr als 2000 Jahren weite Teile Europas und die Küsten des Mittelmeeres. Die Prätorianer waren die Leibgarde der Feldherren und Kaiser.

Die Stadt Rom
Die Römer bauten Straßen, Brücken und Wasserleitungen. Rom wurde auf sieben Hügeln errichtet. Dadurch war es auf natürliche Weise vor Feinden geschützt. Das Kapitol war einer dieser sieben Hügel.

Im Zentrum der Stadt lag das Forum Romanum. Hier gab es viele öffentliche Gebäude und Tempel. Zwischen diesen Gebäuden war ein großer Platz, das Comitium. Dort fanden Versammlungen statt. Auf der Rostra, der Rednerbühne,

konnten Redner gut gehört und gesehen werden.
In den zahlreichen Tempeln verehrten die Römer ihre Gottheiten. Jupiter war der Göttervater und der höchste der Götter.
In der Antike war eine Basilika Markthalle und Gerichtsgebäude. In direkter Nähe lag die Kurie. Hier tagte der Senat von Rom. Das war eine Gruppe von rund 300 Adligen, die den Herrschern beim Regieren zur Seite standen. Wie alle wohlhabenden römischen Bürger bewohnten sie prächtige Villen am Stadtrand. Ärmere Menschen wohnten in engen Mietshäusern in der Stadt.

Cäsar und Augustus
Gaius Julius Cäsar lebte von 100 bis 44 vor Christus. Im Jahr 45 wurde er Alleinherrscher über Rom. Augustus (63 vor Christus bis 14 nach Christus) war der erste römische Kaiser. Unter ihm begann eine lange Friedenszeit. Danach zerfiel das riesige Reich allmählich.

Löwe
Löwin
Hyänen auf der Suche nach Aas.
Um sich zum Wasser hinabbeugen zu können, müssen die bis zu 6 m großen Giraffen ihre Vorderbeine weit spreizen.
Paviane
Ein ausgewachsenes Flusspferd kann über 3 t wiegen.

Savanne

Beinahe ein Viertel der Gesamtfläche Afrikas besteht aus Savanne. Dort wachsen nur Gräser und wenig Bäume. Die Sommer sind feucht und heiß, die Winter trocken und warm. Die Savanne ist die Heimat vieler Tierarten.

Tiere der Savanne
Hier leben vor allem große Säugetiere. Wie die Zebras und Gnus leben auch die Büffel in Herden zusammen.
Giraffen und Elefantenherden ziehen in der Trockenzeit durch die Savanne, um Wasserstellen zu suchen. Bis zu 20 erwachsene und junge Tiere leben in einer Elefantenherde. Sie werden von einer erfahrenen Elefantenkuh angeführt. Elefantenbullen sind dagegen Einzelgänger. Elefanten werden bis zu 70 Jahre alt.

Schimpansen zählen zu den Menschenaffen.

Elefantenkuh mit Jungem

Auf der Jagd

In der Savanne leben Raubkatzen. Der Gepard ist das schnellste Säugetier der Erde. Er kann eine Geschwindigkeit von 110 Kilometern in der Stunde erreichen. Die Löwinnen jagen in Rudeln. Nach der Jagd darf das stärkste Löwenmännchen zuerst fressen. Hyänen sind Raubtiere, die auch Aas fressen. Sie versuchen sogar, den Löwen ihre Beute wegzunehmen. Sie gehen vorwiegend nachts auf die Jagd. Ihre Gebisse sind so stark, dass sie mühelos Knochen durchbeißen können. Was übrig bleibt, fressen Geier und Ameisen. An den wenigen Wasserstellen lauern Krokodile. Sie warten auf unvorsichtige Tiere, die sie beim Trinken überraschen und unter Wasser ziehen können.

Auch Affen kommen hierher. Während Paviane sich gerne in der offenen Savanne aufhalten, ziehen sich Schimpansen lieber in Laubwälder zurück.

Schiffe

Im Laufe von Jahrtausenden haben sich die Wasserfahrzeuge stark verändert.

Segel- und Transportschiffe
Vor 3500 Jahren segelten die Ägypter mit ägyptischen Segelschiffen. Mit dem Floß „Kon-Tiki" kam der Abenteurer Thor Heyderdahl 1947 von Südamerika nach Polynesien. Mit ähnlichen Flößen wurde 1000 vor Christus die Südsee entdeckt. Seit vielen Tausend Jahren werden chinesische Dschunken gebaut. Sie haben sich bis heute kaum verändert. Griechische Bireme waren große Ruderschiffe und wurden im Krieg eingesetzt. Das Wikingerschiff hatte bis zu 80 Ruder und ein buntes Segel. Am hochgebogenen Bug befand sich ein Drachenkopf. Im 15. Jahr-

hundert waren Händler mit Koggen unterwegs. Christoph Kolumbus segelte 1492 mit dem Dreimaster „Santa Maria" nach Amerika. Die venezianische Galeere wurde im 16. Jahrhundert als Kriegsschiff eingesetzt. Die „Gorch Fock" ist seit 1958 das deutsche Schulungsschiff der Bundesmarine.

Moderne Schiffe
Große Containerschiffe sind dreimal so lang wie ein Fußballfeld. Ein Lotsenschiff zieht große Schiffe durch den Hafen. Ein Schlepper ist ein Schiff, das antriebslose Lastenkähne schleppt. Das Tragflügelboot hebt sich bei hoher Geschwindigkeit aus dem Wasser. Mit Kreuzfahrtschiffen kann man in ferne Länder reisen. Eine Fähre transportiert Personen und Fahrzeuge. Mit bis zu 150 km/h schwebt das Luftkissenboot über dem Wasser. Ein Atom-U-Boot kann lange unter Wasser bleiben. Die „Trieste" war ein Forschungs-U-Boot, das 10 916 m tief tauchen konnte.

Auf der Suche nach einem Westweg nach Indien landete Christoph Kolumbus 1492 vor Nordamerika.

Seefahrer

Schon im Altertum machten sich Entdecker auf die Suche nach neuen Handelswegen.

Die Wikinger
Erik der Rote entdeckte 981 Grönland. Jahre später kam Leif Eriksson in Nordamerika an.

Entdecker im Mittelalter
Marco Polo erreichte in den Jahren 1271–1292 China, Indien und Persien. Christoph Kolumbus brach 1492 im Auftrag des spanischen Königspaares auf und erreichte im gleichen Jahr Amerika. Die Eingeborenen nannte er Indianer, weil er glaubte, Indien gefunden zu haben. Vasco da Gama gelang 1497 die Umrundung Afrikas. In den Jahren 1519–1521 eroberte der Spanier Hernán Cortés das Reich der Azteken. Ferdinand Magellan gelang das erste Mal

Sir John Franklin geriet 1845 auf der Suche nach einer Nordwest-Passage, der Durchfahrt vom Atlantik zum Pazifik, ins Polareis.

eine Weltumseglung. Er war von 1519–1521 unterwegs. Einige Jahre später umsegelte als erster Engländer Sir Francis Drake von 1577–1580 die Welt.

Spätere Entdeckungen
Im Jahr 1768 brach der englische Seefahrer James Cook auf, um eine Expedition nach Tahiti zu unternehmen. Er fertigte Landkarten an und entdeckte einige Jahre später Hawaii. Alexander von Humboldt erforschte von 1799–1804 Süd- und Mittelamerika. Er führte Ortsbestimmungen durch. Sir John Franklin war Kapitän und Polarforscher. Er brach 1845 auf, um die Nordwest-Passage zu finden. Dabei starben er und seine Mannschaft. Auf der Suche nach ihm wurde die bis dahin unbekannte Polarregion erschlossen. Roald Amundsen war 1906 der Erste, der die gesamte Nordwest-Passage auf seinem Schiff bezwang. 1911 erreichte er als Erster den Südpol.

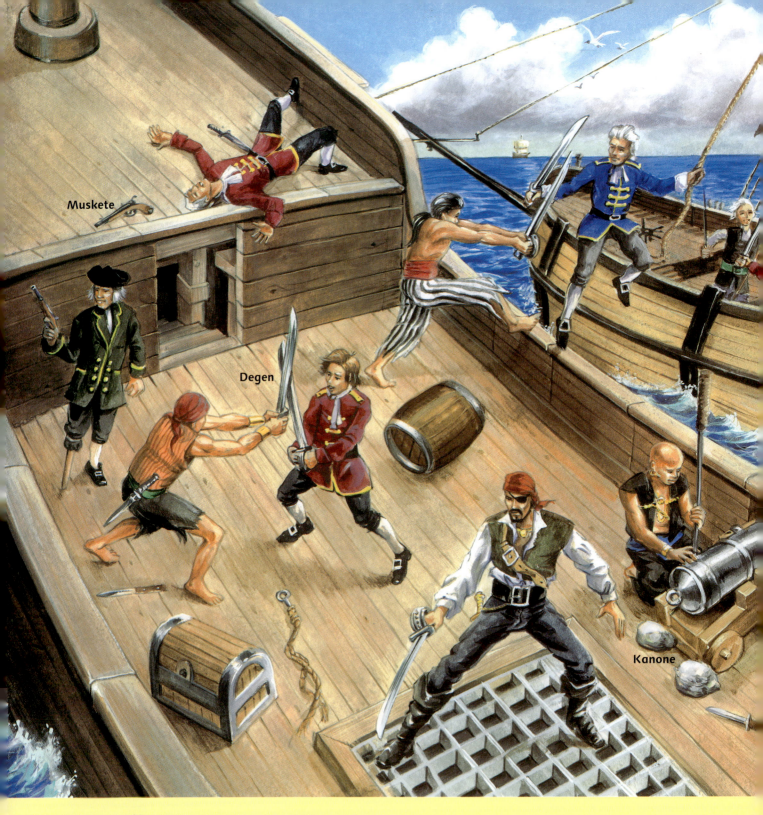

Seeräuber und Piraten

Bereits in der Antike – vor 2500 Jahren – trieben Piraten im Mittelmeer ihr Unwesen. Später überfielen die Wikinger mit ihren schnellen Schiffen Kaufleute in der Nord- und Ostsee. Oft heuerten arbeitslose Seeleute auf Piratenschiffen an. An Bord erwarteten sie harte Arbeit, strenge Regeln und schlechtes Essen.

Piratenüberfälle
Wurde ein Beuteschiff gesichtet, so nahmen die Piraten zunächst die Verfolgung auf. Als Erkennungszeichen wurde die schwarze Totenkopfflagge gehisst. Mit Enterhaken zogen die Piraten das Beuteschiff heran. Dann stürmten sie mit Entermessern, Degen und Musketen an Bord. Ihr Ziel war es, Handelsware zu erbeuten

Oft wurden die erbeuteten Handelsschiffe zu Piratenschiffen.

Enterhaken

Totenkopfflagge

Entermesser

Geisel

oder durch die Gefangennahme von Geiseln ein Lösegeld zu erpressen.

Berühmte Piraten
Einige Piraten plünderten im Auftrag ihres Königs feindliche Handelsschiffe. Man nannte sie Freibeuter. Klaus Störtebeker half dem schwedischen König das von Dänemark belagerte Stockholm mit Lebensmitteln zu versorgen. Später enterte er viele Schiffe in der Nordsee. 1402 wurde Störtebeker in Hamburg hingerichtet.
Der Schotte William Kidd kaperte für die englische Krone Schiffe im Indischen Ozean. Er wurde gefangen genommen und in London gehängt. Zur Abschreckung wurde sein Leichnam in einem eisernen Gerüst am Flussufer der Themse gezeigt.
Unter den Piraten gab es auch Frauen. Anne Bonney aus Irland ging in der Karibik auf Beutezug. Auch sie wurde 1720 von den Engländern gefasst.

133

Süßwasserfische

See- und Meeresfische

Fische sind dem Leben im Wasser angepasst. Sie sind länglich, glatt und meist mit Schuppen bedeckt. Mit Schwanz und Flossen bewegen sie sich fort. Den lebenswichtigen Sauerstoff filtern sie mit ihren Kiemen aus dem Wasser. Es gibt Süßwasser- und Meeresfische. Viele Arten sind wegen starker Überfischung bedroht.

Vermehrung der Fische

Fische pflanzen sich fort, indem die Weibchen ihre Eier (Rogen) ins Wasser ablegen. Diese werden von den Männchen befruchtet. Die Männchen geben ihren Samen ins Wasser ab. Er treibt dann im Wasser. Einige Eier kommen mit dem Samen in Berührung und werden befruchtet. Nach mehreren Wochen schlüpfen die Jungen.

Meeresfische

Schwertfisch, Meeraal, Hering, Teufelsrochen, Makrele, Stör, Hornhecht, Dorsch, Heilbutt, Rotbarsch, Sardine, Thunfisch

Süßwasserfische

Bachforelle und Regenbogenforelle sind Raubfische. Die Äsche hat eine hohe Rückenflosse. Flussbarsch und Karpfen sind Speisefische. Der Felchen lebt in tiefen und kalten Seen. Wels und Hecht sind Raubfische. Sie können sehr groß werden.

Meeresfische

Der Oberkiefer des Schwertfisches sieht aus wie ein spitzes Schwert. Der Meeraal kann bis zu 2,50 m lang werden. Heringe haben silbrig glänzende Schuppen. Teufelsrochen gleiten mit wellenförmigen Bewegungen der Brustflossen durch das Meer. Makrelen leben in großen Schwärmen. Der Stör kann bis zu 5 m lang werden. Der schlanke Hornhecht schwimmt sehr schnell. Der Dorsch lebt in der Ostsee. Sardinen gibt es in allen Weltmeeren. Der Rotbarsch ist leuchtend rot. Der Heilbutt ist ein Plattfisch. Thunfische sind Speisefische und wiegen bis zu 600 kg.

Sonne

Ohne die Sonne gäbe es kein Leben auf unserer Erde. Sie versorgt uns mit Licht und Wärme. Die Sonne ist 109-mal so groß wie die Erde. Ihre Anziehungskraft hält die Erde und die übrigen Planeten unseres Sonnensystems auf ihrer Umlaufbahn.

Große Hitze
Man nimmt an, dass die Sonne vor etwa 4,6 Milliarden Jahren aus einer Gas- und Staubwolke entstanden ist. In ihrem Inneren herrschen unvorstellbar hohe Temperaturen. Nur ein Bruchteil der abgestrahlten Hitze erreicht die Erde. Selbst auf der Sonnenoberfläche herrschen noch 5785 °C. Das ist so heiß, dass jedes uns bekannte Material sofort schmelzen oder verdampfen würde.
Aus der Oberfläche der Sonne schießen oft riesige Flammen-

säulen aus Gas (Protuberanzen) heraus, die bis zu eine Million Kilometer weit ins All hinausgeschleudert werden. Wissenschaftler meinen, dass die Sonne auch noch die nächsten fünf Milliarden Jahre strahlen wird. Erst dann wird ihr „Brennstoffvorrat" verbraucht sein.

Bei Sonnenaufgang ist das Sonnenlicht noch schwach. Es wärmt kaum.

Während des Vormittags steigt die Sonne höher. Es wird wärmer.

Am Mittag erreicht die Sonne ihren Höchststand. Es ist am wärmsten.

Nachmittags nähert sich die Sonne dem Horizont. Es wird etwas kühler.

Bei Sonnenuntergang wird es langsam kühler und bald dunkel.

Sonne

Sonnensystem

Die Erde und sieben weitere Planeten bewegen sich um die Sonne. Sie bilden zusammen das Sonnensystem. Verglichen mit Entfernungen auf der Erde ist das Sonnensystem gigantisch groß. Es entstand vor etwa 5 Milliarden Jahren – vielleicht weil ein benachbarter Stern explodierte und sich dabei eine große Staub- und Gaswolke bildete. Der heiße innere Teil dieser Wolke wurde zur Sonne. Um sie herum formten sich Planeten aus Gestein, Metallen und Gasen. Sie bewegen sich auf nahezu gleichbleibenden eiförmigen Kreisbahnen um die Sonne.

Die Planeten
Merkur (1) ist der Sonne am nächsten. Auf seiner Oberfläche kann es bis zu 350 °C heiß

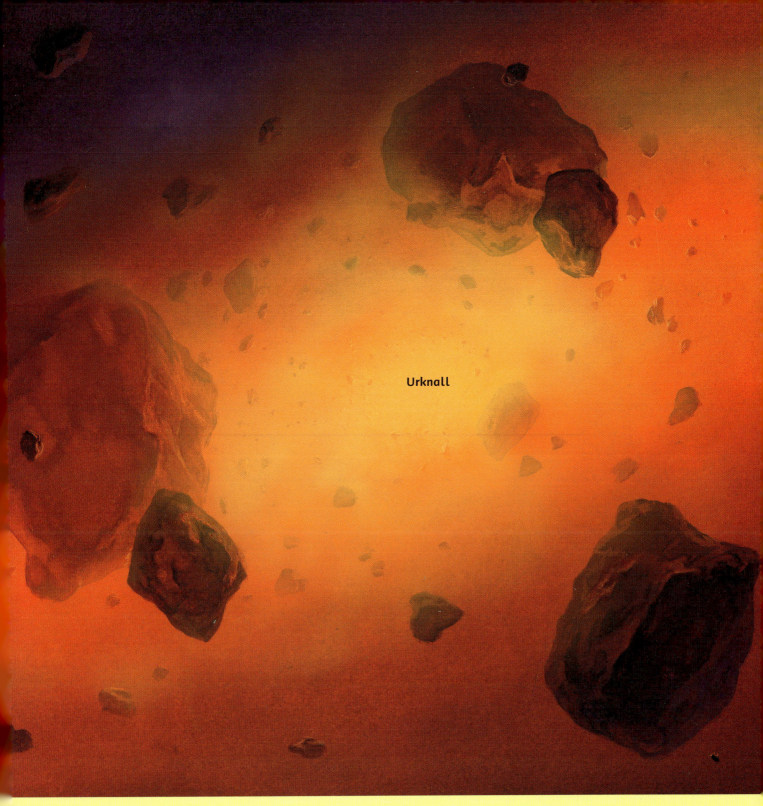

Urknall

werden. Venus (2) und Erde (3) sind von einer Gashülle umgeben, die man Atmosphäre nennt. Mars (4) wird auch „Roter Planet" genannt. Die größten Planeten, Jupiter (5) und Saturn (6), besitzen Ringsysteme aus Gas und Staub. Uranus (7) und Neptun (8) haben kleinere Ringsysteme.

Pluto (9) ist ein Zwergplanet und kreist am weitesten von der Sonne entfernt. Er hält den Kälterekord mit −230 °C.

Der Urknall
Die ersten Sterne sind wahrscheinlich zusammen mit dem Weltall „geboren" worden. Das geschah vermutlich durch eine unvorstellbar gewaltige Explosion, dem Urknall. Aus riesigen Gas- und Staubmassen bildeten sich Tausende von Jahren später die Sterne und Planeten. Das Weltall ist zwischen 15 und 20 Milliarden Jahre alt. Neue Sterne sind im Laufe der Jahrmillionen aufgetaucht und andere sind erloschen.

Sportarten

Bei vielen Sportarten werden Wettkämpfe ausgetragen. Feste Regeln sorgen dafür, dass jeder die gleichen Chancen hat zu gewinnen. Wer mit Sport sein Geld verdient, ist professioneller Sportler. Bei einem Sieg wird er mit einer Prämie bezahlt.

Sportarten
Es gibt viele verschiedene und zum Teil sehr ausgefallene Sportarten. Einige erfordern viel Mut. Den Kletterer reizt es, einen schwierigen Felsen zu erklimmen. Er sichert sich mit einem Seil. Der Downhill-Fahrer rast in Schutzkleidung mit einem Mountainbike sehr steile Berghänge hinunter. Beim Abfahrtslauf erreicht der Rennskifahrer hohe Geschwindigkeiten. Geräteturnen und Gymnastik finden in Turnhallen statt. Bei Mannschaftssportarten wie

Basketball und Fußball entscheidet das Zusammenspiel der einzelnen Spieler über Sieg oder Niederlage. Tennis gehört wie Tischtennis oder Federball zu den Rückschlagspielen. Ein Golfspieler möchte den Ball mit wenigen Schlägen in ein weit entferntes Loch spielen. Der Drachenflieger segelt von einem Berg aus ins Tal. Dabei versucht er, mithilfe von Aufwinden möglichst lange in der Luft zu bleiben. Beim Rafting und Kajakfahren kämpft man sich über gefährliche Stromschnellen. Der Wellenreiter surft mit einem Brett auf meterhohen Wellen. Turmspringer zeigen beim Sprung vom Sprungbrett unter anderem den Salto. Ruderer sitzen mit dem Rücken zur Fahrtrichtung im Boot. Wettkampfschwimmen finden meist in 50 m langen Schwimmbecken statt. Windsurfer stehen auf einem Surfbrett und brauchen wie die Segler immer den Wind zur Fortbewegung.

Spuren der Tiere

Tiere sind in der Wildnis oft schwer zu beobachten. Im Winter jedoch hinterlassen sie Spuren im Schnee. Diese Abdrücke können Geschichten erzählen. An ihnen lässt sich ganz genau ablesen, von welchem Tier sie stammen. Sie verraten auch, ob sich das Tier schnell oder langsam vorwärts bewegt hat.

Spuren haben Namen
Die Abdrücke von Schalenwild wie Hirschen, Rehen und Wildschweinen nennt man „Fährten". Niederwild wie Hase und Fuchs hinterlassen „Spuren". Die Abdrücke von Vögeln nennt der Jäger „Geläuf".
Jede Tierart hinterlässt ihre eigene, unverwechselbare Spur. Trotzdem gibt es große Ähnlichkeiten. Raubtiere wie

Luchs, Fuchs, Marder, Katze und Hund haben ganz ähnliche Abdrücke. Man muss genau hinsehen, um zum Beispiel den Unterschied zwischen einer Fuchs- und einer Hundespur zu erkennen. Die Fußabdrücke eines Fuchses sind schmaler und länglicher als die eines Hundes. Außerdem ragen die mittleren Zehen weiter vor. Man kann auch erkennen, ob sich ein Fuchs langsam bewegt hat oder ob er es eilig hatte. Beim langsamen Trott bildet die Fußspur zwei Reihen nebeneinander. Beim schnellen Lauf setzt er seine Füße in einer Reihe hintereinander auf. Man sagt dann, der Fuchs „schnürt".

Auch das sind Spuren
Tiere hinterlassen aber nicht nur Fußspuren, sondern auch Reste ihrer Mahlzeiten, Haare, Federn und Kot. An diesen Spuren kann man erkennen, welche Tiere im Wald leben. Wildschweine zum Beispiel graben auf der Suche nach Nahrung den Boden um.

Stadt

In der Stadt ist viel los. Hier wohnen viele Menschen und es herrscht eine Menge Verkehr. Im Stadtzentrum findet man das Rathaus, die Polizei, die Feuerwehr, das Krankenhaus und viele Banken und Geschäfte. Außerdem gibt es dort Kindergärten, Schulen, Spielplätze, Parkhäuser, Kirchen und interessante Bauwerke. Auch der Bahnhof befindet sich meist mitten in der Stadt. Eine größere Stadt wird in Stadtteile unterteilt. Manche Stadtteile sind wie kleine Dörfer innerhalb der Stadt. Dort kennt jeder jeden. Es gibt auch Stadtteile mit vielen Hochhäusern, wo sich die Menschen selten untereinander kennen. Nicht alle Stadtbewohner können mitten in der Stadt arbeiten. Viele große Firmen und Fabri-

ken liegen am Stadtrand. In der Nähe der Fabriken findet man oft Wohngebiete mit Siedlungen und Hochhäusern.

Im Rathaus
Der Bürgermeister ist das Oberhaupt einer Stadt. Er und der Gemeinderat kümmern sich vom Rathaus aus um alle wichtigen Dinge – zum Beispiel um den Bau neuer Kindergärten oder Spielplätze. Im Rathaus wird die Stadt verwaltet. Dazu gibt es einzelne Ämter wie etwa das Einwohnermeldeamt, wo sich jeder neu in die Stadt gezogene Bürger melden muss. Im Standesamt wird geheiratet, und im Fundbüro werden verloren gegangene Fundstücke abgegeben. In der Stadt finden die Menschen leichter Arbeit. Deshalb ziehen sie vom Land hierher. Außerdem bietet das Leben in der Stadt viel Abwechslung: Es gibt zahlreiche Geschäfte und Lokale. Man kann ins Kino, Theater oder in ein Museum gehen.

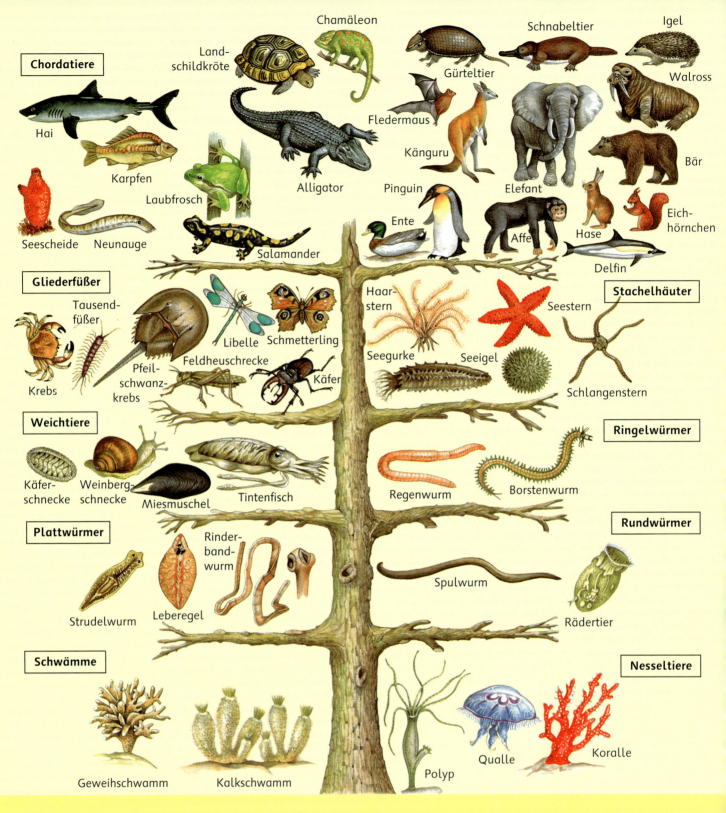

Stammbaum der Tiere

Der Stammbaum der Tiere zeigt die Verwandtschaftsbeziehungen einzelner Tierarten zueinander.
Alle Schwämme leben im Wasser. Die Nesseltiere können von 0,5 mm bis zu 2 m lang werden. Sie gehören zu den Hohltieren.

Viele der Platt- und Rundwürmer sind Parasiten. Die Weichtiere haben eine feste Schale. Eine bekannte Art der Ringelwürmer ist der Regenwurm. Krebse, Insekten und Spinnen gehören zu den Gliederfüßern, dem größten Tierstamm.

Stachelhäuter wie Seestern und Seeigel sind von festen Stacheln umgeben.
Der Stamm der Chordatiere besteht aus 60 000 Arten. Zu ihnen gehören auch die Wirbeltiere wie zum Beispiel Fische und Säugetiere.

Strand

Das Watt ist ein flacher Küstenstreifen, der bei Ebbe trocken liegt. Zweimal täglich wird es mit Wasser überflutet. Überall sieht man einzelne Tümpel und Rinnen, die Priele, die sich zwischen Sandbänken und kleinen Inseln stark verästeln.

Dieser Wattgürtel kann bis zu 30 km breit sein. Bei Flut wird er mehrere Meter hoch überspült. Der ständige Wechsel von Ebbe und Flut erschwert das Leben im Watt. Viele Tiere haben sich aber an die Bedingungen angepasst.

Die Tierwelt im Watt
Viele Tiere wie Schnecken, Muscheln und Krabben leben im Sand verborgen. Bei Ebbe suchen Möwen, Säbelschnäbler und Austernfischer nach Nahrung im Boden. Seehunde ruhen sich auf Sandbänken aus.

Stromerzeugung

Elektrischer Strom wird in Kraftwerken oder durch Wind und Sonne erzeugt. Wasserkraftwerke nutzen die Energie aus der Strömung eines Flusses. Wärmekraftwerke werden mit Kohle, Erdgas oder Atomkraft betrieben.

Das Kohlekraftwerk
In einem Kohlekraftwerk wird die Kohle über ein Fließband in die Kohlemühle befördert und dort zu feinem Staub gemahlen.
In der Mischkammer wird der Staub mit Luft aus der Frischluftzufuhr vermischt und in der Brennkammer verbrannt. Im Kessel entsteht Wasserdampf, der die Turbine antreibt. Diese setzt den Generator zur Stromerzeugung in Gang. Die Abgase werden gefiltert und in den Kamin geleitet. Der Strom wird

Schaltzentrale · Umspannwerk · Wasserfälle · Auffangbecken · Kondensator · Wasser für Kühlung

in der Schaltzentrale über Transformatoren im Umspannwerk geführt und zum Verbrauch ins Netz eingespeist. Im Kondensator wird der heiße Dampf mit Wasser abgekühlt. Das Wasser sammelt man in einem Auffangbecken. Von da gelangt es durch Rohrleitungen zurück in den Fluss.

Wasserkraftwerk

Ein Fluss wird gestaut. Durch den Wassereinlauf (1) strömt das Wasser auf die Turbinenräder (2), die den Generator (3) antreiben. Er wandelt die Bewegungsenergie in elektrische Energie um. Im Schaltraum (4) wird die Wasserzufuhr gesteuert. Das ausströmende Wasser (5) ist sauber und gelangt zurück in den Fluss.

Sumpf und Moor

In Sümpfen und Mooren leben viele Pflanzen und Tiere, zum Beispiel Frösche, Störche, Kraniche und viele andere Vogelarten.
Sümpfe sind Feuchtgebiete. Auf dem schlammigen Boden des Sumpfes steht Wasser. Trocknet ein Sumpf aus, wird aus seinem Boden fruchtbare Erde.
Moore stehen immer unter Wasser. Sie bestehen aus dem dunklen und feuchten Torf, der sich aus Pflanzenresten bildet. Moore entstehen aus verlandeten Seen oder feuchten Tälern.

Der Storch watet mit seinen langen Beinen durch die Sümpfe, weil er dort kleine Fische und Frösche findet. Zur Begrüßung und während der Partnersuche klappern Störche laut mit den Schnäbeln. Ihr Hals ist lang und sehr beweg-

lich. Die Schermaus ist die größte einheimische Wühlmaus. Sie wird auch Wasserratte genannt.

Moorbewohner
Der Moorfrosch ist mit seiner braunen Haut an die dunkle Wasserfarbe des Moors angepasst. Nur während der Laichzeit wird das Moorfroschmännchen leuchtend blau. Im Frühjahr beginnt die Balz des Birkhahns. In den frühen Morgenstunden schlägt das Männchen mit den Flügeln gegen die Beine, tanzt und gibt merkwürdige Geräusche von sich. Die Pfuhlschnepfe besitzt einen langen, sehr feinfühligen Schnabel. Damit stochert sie im Moor herum und sucht nach Würmern und kleinen Krebsen. Die giftige Kreuzotter trägt ihren Namen wegen ihres dunklen Zickzackmusters auf dem Rücken. Mit ihrem Gift lähmt sie ihre Beute: Mäuse, Hamster und Moorfrösche.

Schneehase

Rotes Ordensband

Kröte

Tiger

Tarnung der Tiere

Einige Tiere passen sich in Farbe und Form so an ihre Umgebung an, dass sie fast unsichtbar sind. Dadurch sind sie gut vor Feinden geschützt, gegen die sie sich nicht wehren könnten. Man nennt dies „natürliche Tarnung". Auch angreifende Tiere sind oft getarnt, um sich unbemerkt an Beute heranschleichen zu können.

Der Trick mit der Tarnung
Das Fell des Schneehasen ist im Winter weiß und im Sommer braun. So können ihn Raubvögel nur schwer aus der Luft erkennen. Das Rote Ordensband ist ein Schmetterling. Seine Flügel sehen aus wie die Baumrinde, auf der er lebt. Kröten tarnen sich durch ihre warzige Haut. Sie sieht genauso aus wie der Boden. Der Tiger

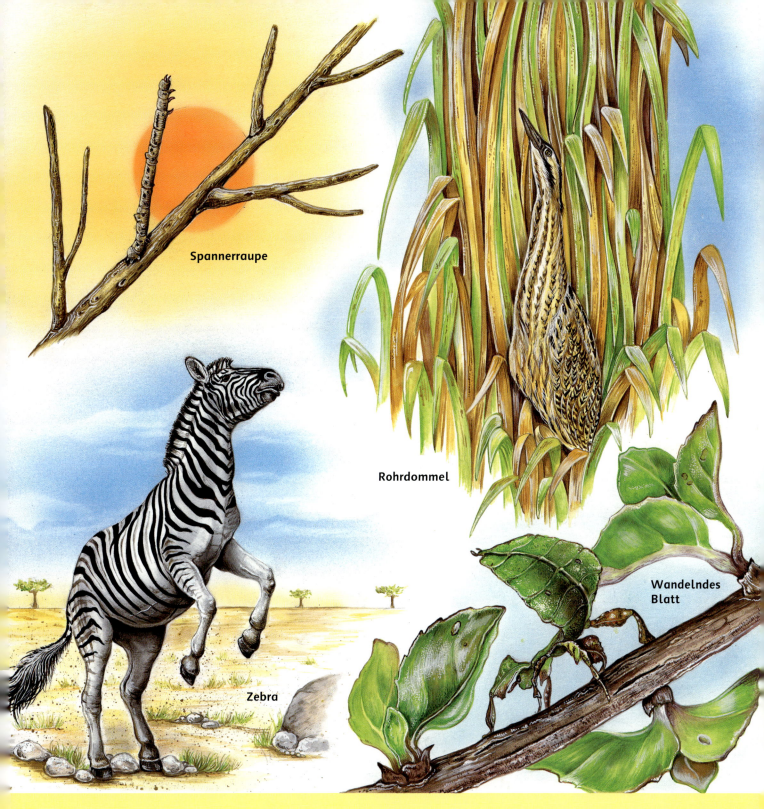

Spannerraupe

Rohrdommel

Zebra

Wandelndes Blatt

fällt im Dschungel nicht auf. Seine Streifen verschwimmen mit den Farben des Dickichts. So kann er sich an sein Beutetier heranschleichen. Bei Gefahr versteift sich die Spannerraupe und spreizt sich von dem Ast ab, auf dem sie sitzt. Dann sieht sie aus wie ein Zweig. Die Rohrdommel hält sich gerne im Schilf auf. Bei Gefahr reckt sie Hals und Kopf senkrecht nach oben und ist mit ihrer gesprenkelten Unterseite nicht von den Schilfhalmen zu unterscheiden. Zebras sind in der offenen Steppenlandschaft Afrikas oft fast unsichtbar. Ihre Streifen vermischen sich in der flimmernden Mittagshitze und in der Dämmerung mit den Farben der Landschaft. Das Wandelnde Blatt ist ein Fluginsekt und gehört zur Familie der Schrecken. Es hat sich so gut in Form, Farbe und Verhalten an seine Umgebung angepasst, dass es kaum mehr von einem Blatt am Baum zu unterscheiden ist.

Teich

Ein Teich ist ein stehendes Gewässer. Es ist so flach, dass das Sonnenlicht bis zum Grund dringt. In diesem Lebensraum lebt eine Vielzahl von Tieren und Pflanzen. Sie alle sind aufeinander angewiesen. Am Teich kann man fliegende und schwimmende Insekten, Lurche, Vögel, Fische, Biber, Muscheln, Schnecken und viele Wasserpflanzen beobachten. Manche Seen und Teiche werden von Bibern aufgestaut. Dazu fällen sie schnell wachsende Bäume wie die Bruchweide. Die Bisamratte ist seit 1905 in Europa heimisch. Sie stammt aus Nordamerika. Das Blesshuhn und der Haubentaucher brüten im Schilfgürtel. Der Eisvogel sitzt auf einem Zweig über dem Wasser und stürzt sich kopfüber hinein.

Leben über und unter dem Wasser

Der Hecht lauert regungslos inmitten von Wasserpflanzen auf seine Beute wie Elritzen und kleinere Karpfen. Sobald sie in seine Nähe kommen, schnappt er sie mit seinem kräftigen Maul. Unter Wasser leben Insekten wie der Gelbrandkäfer. Am Teichgrund findet man Teichmuscheln. Die Gelbe Teichrose gehört zu den ältesten Pflanzen der Erde. Das Raue Hornblatt hat keine Wurzeln und treibt unter Wasser. Laubfrösche klettern gerne auf Rohrkolben oder auf Schilfstängel. Der Wasserfrosch lauert auf Stechmücken. Seine Jungen, die Kaulquappen, schwimmen unter Wasser. Wasserläufer können wirklich über Wasser laufen. Heidelibellen haben einen auffallend bunten Hinterleib. Graureiher sind geschickte Fischfänger. Fischadler und Rohrweihe machen auch Jagd auf Krickenten und Blesshühner.

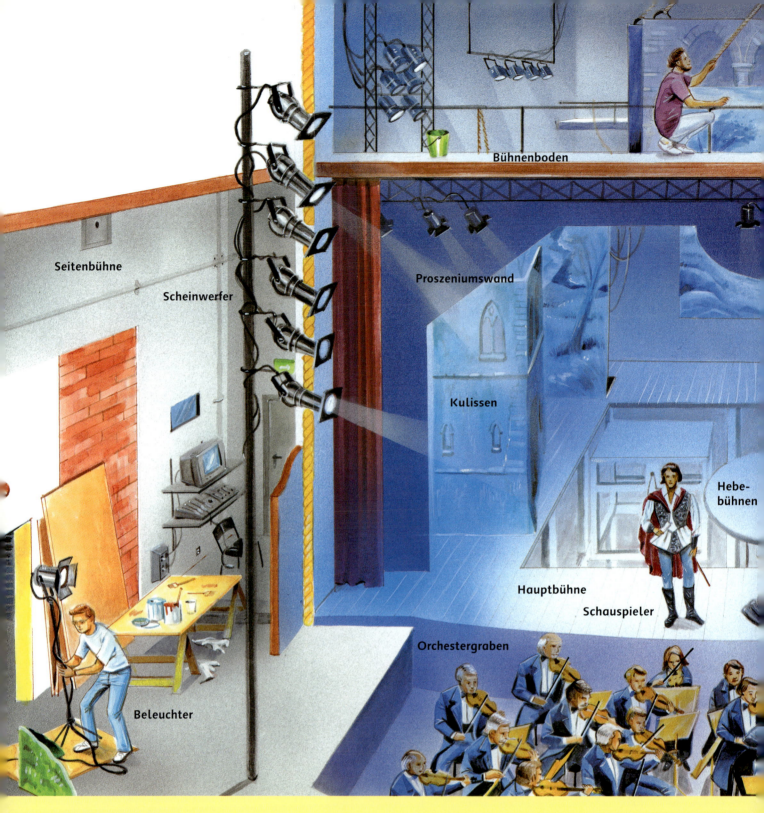

Theater

Schon die Griechen und Römer bauten vor 2500 Jahren große Freilichttheater. Darin führten sie Tänze, Gesänge und Theaterstücke auf. Vor etwa 400 Jahren ließen Fürsten und Könige erstmals eigene Theatergebäude errichten.

Formen des Theaters
Es gibt Sprechtheater und Musiktheater. Komödie oder Tragödie sind Formen des Sprechtheaters. Zum Musiktheater gehören zum Beispiel Oper und Musical. Daneben gibt es auch Marionettentheater, Puppentheater und Pantomime. Bei der Pantomime wird ohne Worte eine Geschichte „erzählt". Der Schauspieler stellt Szenen nur durch Gesichtsausdruck (Mimik) und Körper- und Handbewegungen (Gestik) dar.

Im Theater

Im Orchestergraben vor der Hauptbühne sitzen die Musiker. Wenn ein Schauspieler während der Aufführung den Text vergisst, hilft ihm ein Souffleur. Er liest in der Souffleurmuschel den Text leise vor. Mit Hebebühnen können Schauspieler und Kulissen rasch verschwinden oder auftauchen. Die Proszeniumswand trennt den Zuschauer- vom Bühnenraum. Die Scheinwerfer beleuchten die Bühne. Bei Umbauten wird ein feuersicherer Vorhang zwischen Bühne und Zuschauerraum heruntergelassen. Dann können die Bühnenarbeiter die Kulissen verändern. Auch in der Seitenbühne stehen Kulissen und Requisiten bereit. Neben der Bühne befinden sich die Garderobenräume der Schauspieler. Im Fundus werden die Kostüme aufbewahrt. Die Kulissen werden in der Theaterwerkstatt hergestellt. Im Technikraum werden Ton- und Lichteffekte gesteuert.

Tiere in der Nacht

Während die meisten Menschen nachts friedlich schlafen, werden viele Tiere erst aktiv. Sie gehen im Schutz der Dunkelheit auf Jagd oder paaren sich. Der Igel (1) kämpft sich schnaufend durchs Gebüsch. Er sucht nach Käfern, Schnecken und Mäusen. Der Nachtfalter (2) sammelt Nektar aus Pflanzen, die ihre Blüten erst in den Abendstunden öffnen. Die grünen Florfliegen (3) legen ihre Eier auf Pflanzen mit vielen Blattläusen ab. Ihre Larven ernähren sich fast ausschließlich davon. Asseln (4) lieben den Nachttau. Ein Grasfroschpaar (5) ist auf Laichwanderung. Das Weibchen trägt auf seinem Rücken das Männchen zum Teich. Dort legt es seinen Laichklumpen mit einigen Hundert Eiern ab.

Nächtliche Jäger

Das Braune Langohr (6) ist eine Fledermaus, die im Licht von Laternen Insekten fängt. Sie werden von dem hellen Licht angezogen. Die Schleiereule (7) ist gerade dabei, die Spitzmaus (8) zu fangen. Mit lautlosen Flügelschlägen startet sie zum Angriff. Doch die Spitzmaus kann sich im letzten Moment noch in Sicherheit bringen. Sie ist auf der Jagd nach Insekten und Spinnen. Maikäfer (9) brummen noch zu später Stunde herum und fressen die Blätter von den Laubbäumen. Sie können großen Schaden anrichten, wenn sie ganze Bäume kahl fressen. Die Weibchen der Glühwürmchen (10) sitzen leuchtend im Gras. Sie locken die blinkenden Glühwürmchenmänner an. Sogar die Schnecken fressenden Larven erzeugen ein Licht. Die Nacktschnecken (11) haben den Salat entdeckt. Sie lieben die Feuchtigkeit der Nacht, um auf Futtersuche zu gehen.

1994 wurde der 50 km lange Eurotunnel fertiggestellt. Er verbindet Frankreich mit Großbritannien.

Der mit Wasser gekühlte Bohrkopf der Tunnelbaumaschine hatte einen Durchmesser von 12 m.

Schrägseilbrücke

Steinbrücke

Tunnels und Brücken

Flüsse, Täler, Berge und Seen werden mit Brücken und Tunnels überwunden.
Oft führen Brücken auch über viel befahrene Straßen hinweg. Fußgängerbrücken oder -tunnels ermöglichen es, Straßen, Gewässer oder Eisenbahnlinien sicher zu umgehen. Früher bauten die Menschen Seilbrücken aus zusammengeknüpften Pflanzen oder Steinbrücken mit hohen Bögen. Heute ruhen die meisten Brücken auf festen Stützen, den Pfeilern.

Verschiedene Brücken
Schrägseilbrücken können weite Täler oder breite Flüsse überwinden. Starke Drahtseile laufen über hohe Pfeiler. Sie nehmen die Last der Fahrbahnplatten auf. Steinbrücken bestehen aus Naturstein oder

Tunnel
Bogenbrücke
Lüftung
Lüftung
Not-tunnel
Notruf-säule
Service-tunnel
Ein Tunnel von innen
Tunnelvortriebsmaschine

Ziegelsteinen. Die Bögen der Bogenbrücken tragen fast die ganze Last.

Wege durch den Berg
Ein Tunnel ist ein unterirdischer Verkehrsweg für Eisenbahnen oder Autos. Er wird mit einer riesigen Tunnelvortriebsmaschine gebohrt oder mithilfe von Sprengstoff durch den Berg getrieben. U-Bahn-Tunnels werden nicht gebohrt. Sie entstehen in einer offenen Baugrube, die dann wieder zugeschüttet wird. Der Eingang des Tunnels wird mit Steinplatten gefasst oder aus Beton gegossen. Gebläse transportieren frische Luft in den Tunnel. Die verbrauchte Luft entweicht durch die Tunneleingänge.

Ägyptische Wasseruhr

Sonnenuhr

Kosmische Maschine

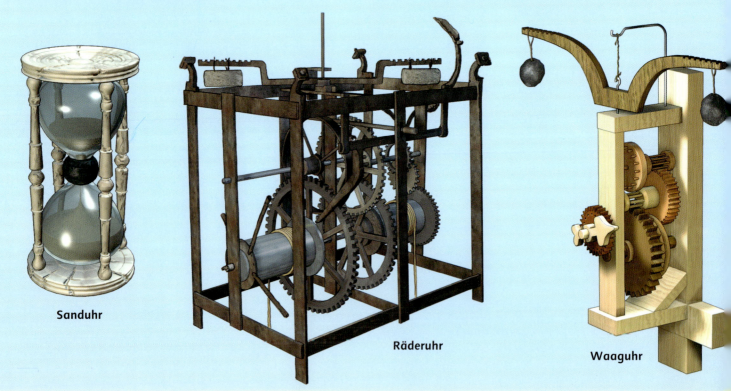

Sanduhr

Räderuhr

Waaguhr

Uhren

Schon vor mehr als 5000 Jahren entwickelten Menschen Geräte zur Zeitmessung.

Erste Uhren
Um 1500 vor Christus wurde in Ägypten eine Wasseruhr erfunden. Wie viel Zeit vergangen war, konnte man an den Strichen im unteren Gefäß ablesen. Die Ägypter entwickelten auch die Sonnenuhr. Ein Stab steckt senkrecht im Boden. Aus der Länge des Schattens bestimmte man die Tageszeit. Die erste mechanische Uhr war die Kosmische Maschine. Sie wurde in einem Turm von einem Wasserrad angetrieben. Die Sanduhr ist eine Erfindung des Mittelalters. Zahnräder bewegten die Zeiger einer Räderuhr. Diese Art Uhren waren an Kirchtürmen angebracht.

Stutzuhr

Pendeluhr

Elektrische Uhr

Atomuhr

Lichtuhr

Digitaler Funkwecker

Analog-Quarzuhr

Neuere Erfindungen
Durch die Bewegung des Waagbalkens wurde die Waaguhr angetrieben. Mit der Erfindung von Uhrwerk und Pendel ließ sich die Zeit immer genauer bestimmen. Die Stutzuhr ist mit einem Federantrieb ausgestattet. Wegen des langen Pendels sind die Pendeluhren sehr hoch. Mitte des 19. Jahrhunderts gab es die erste elektrische Uhr.

Moderne Uhren
Die Atomuhr wurde 1944 entwickelt. Diese Uhren sind die genauesten von allen Uhren. Sogar nach 1 Million Jahren gehen sie um weniger als eine Sekunde falsch. Die Lichtuhr wird von Lichtzellen angetrieben. Bei digitalen Funkweckern korrigiert ein durch Funk gesendetes Zeitsignal immer wieder die Uhrzeit. Die Analog-Quarzuhr benötigt als Stromquelle eine kleine Batterie. Ein winziger Motor treibt ihre Zeiger an.

Die Neandertaler lebten in Höhlen. Sie trugen Fellkleidung und wärmten sich bei Kälte am Feuer.

Urzeitmenschen

Nicht immer sahen die Menschen so aus wie wir heute. Vor etwa zwei Millionen Jahren entwickelte sich aus den affenähnlichen Urmenschen der heutige Mensch. Die Zeit, in der Urmenschen lebten, nennt man Steinzeit.

In der Altsteinzeit (2,5 Millionen bis 8000 vor Christus) waren die Menschen Jäger und Sammler. Die Menschen der Mittelsteinzeit (8000 bis 5500 vor Christus) gründeten Siedlungen. In der Jungsteinzeit (5000 bis 2000 vor Christus) gab es immer mehr Ackerbauern und Hirten.

Die Menschen der Steinzeit fertigten nicht nur Werkzeuge aus Stein. Man weiß heute, dass sie auch Arbeitsgeräte aus Holz, Knochen, Hörnern oder Zähnen benutzten. Weil diese

Materialien im Lauf der Zeit verrottet sind, findet man heute nur noch Werkzeuge aus Stein.

Das Leben der Neandertaler
Die Neandertaler lebten in der Altsteinzeit. Sie wurden ungefähr 1,60 m groß. Ihre Gesichter waren ähnlich wie bei Menschenaffen nach vorne gewölbt und hatten große Knochenwülste über den Augen. Die Neandertaler mussten Temperaturen von bis zu −40 °C aushalten. Ihre grobe Fellkleidung und die zugigen Felsüberhänge, unter denen sie lebten, boten dabei wenig Schutz. Während Frauen und Kinder Feuerholz suchten und Beeren sammelten, gingen die Männer mit Speeren und Steinkeulen auf die Jagd. Wenn Rentiere, Pferde oder Mammuts ihre Weidegründe wechselten, wurde die Jagdbeute knapp. Dann mussten die Neandertaler ihren Lagerplatz verlassen und sich einen neuen Unterschlupf suchen.

Urzeittiere

Die meisten Tierarten, die in der Urzeit lebten, sind heute ausgestorben.

Die Vorfahren der Tiere
In der Altsteinzeit lebte in Europa der Höhlenlöwe (1). Er gehörte zur größten Katzenart, die es jemals gab. Mit seinen mächtigen Pranken griff er sogar Mammuts an. Die Höhlenhyäne (2) hatte sich darauf spezialisiert, anderen Raubtieren ihre Beute abzujagen. Das größte und stärkste Raubtier der Altsteinzeit war der Höhlenbär (3). Er war größer als alle heute lebenden Bären und ein Allesfresser. In den Wäldern Europas und Asiens lebte der Riesenhirsch Megaloceros (4). Das mächtige Tier trug ein Geweih, das etwa so lang wie ein Auto war. Der Ur

Die größten Rüsseltiere, zu denen die Elefanten gehören, waren die Mammuts. Das Steppenmammut wurde bis zu 4,50 m groß und trug bis zu 5 m lange, gewundene Stoßzähne. Sein Fell schützte es vor der Kälte. Vor etwa 6000 Jahren starben die Mammuts aus.

oder Auerochse (5) war etwa doppelt so groß wie unsere heutigen Rinder. Er war stark und reizbar. Die letzten Auerochsen wurden vor etwa 250 Jahren in Polen ausgerottet. Es gab auch ganz außergewöhnliche Tiere. Der über 3 m große Gigantopithecus (6) aus Afrika sah aus wie ein riesiger Gorilla. Mit seinem gestachelten keulenartigen Schwanz konnte das Gürteltier Doedicurus (7) mühelos seine Feinde vertreiben. Der neuseeländische Riesenvogel Dinornis maximus (8) war mit 3,50 m wohl der größte Vogel, der jemals gelebt hatte. Allerdings konnte er nicht fliegen.

Vögel an Meer und Küste

Möwe · Tordalk · Albatros · Schnepfe · Austernfischer · Regenpfeifer · Pinguin · Seeschwalbe

Vögel in Sumpf und Moor

Ibis · Storch

Vögel am Wasser

Die Seevögel haben ein dichtes Federkleid, das sie gegen Wasser, Wind und Kälte schützt. Ihre Schnäbel sind unterschiedlich geformt. Enten haben breite Schnäbel. Damit können sie aus dem Wasser Nahrung aussieben. Austernfischer oder Schnepfen graben mit ihren langen und spitzen Schnäbeln nach Nahrung.

An Meer und Küste
Der Albatros hat eine Flügelspannweite von bis zu 3 m. Die Schnepfe fällt durch ihren langen Stocherschnabel auf. Der Pinguin kann nicht fliegen. Er setzt seine kurzen Flügel beim Schwimmen wie Flossen ein. Der Regenpfeifer sucht mit seinem Schnabel nach Insekten und kleineren Fischen. Der Austernfischer ernährt sich von

Vögel an Flüssen und Teichen

Muscheln aus dem Meer. Die Möwe ist ein Räuber und frisst Vogeleier und Jungvögel. Um Beute zu fangen, stürzt sich die Seeschwalbe aus der Luft ins Wasser. Der Tordalk jagt unter Wasser nach Fischen. Er ist ein hervorragender Taucher und kann sehr lange unter Wasser bleiben.

An Flüssen und Teichen
Ente und Schwan haben ein Wasser abweisendes Gefieder. Der Pelikan hat am Unterschnabel einen Hautsack. Mit dem Hakenschnabel fängt der Flamingo Krebse. Der Haubentaucher kann tief tauchen. Der Graureiher ist groß. Der Eisvogel hat einen spitzen Schnabel.

In Sumpf und Moor
Mit seinem gebogenen Schnabel stochert der Ibis im Schlamm. Störche ziehen im Herbst nach Afrika. Der Kranich gehört zu den größten Vögeln Europas. Wenn der Wiedehopf aufgeregt ist, stellt er seine Federhaube auf. Der Fasan hat ein farbiges Gefieder.

Vögel in Wald und Hecke
- Uhu
- Bussard
- Meise
- Zaunkönig
- Specht
- Auerhuhn
- Leierschwanz

Vögel im Hochgebirge
- Kondor

Vögel der Tropen
- Ara
- Tukan

Vögel auf dem Land

Die Vogelarten an Land lassen sich in viele verschiedene Gruppen unterteilen.

Die Ordnung der Vögel
Es gibt Tagraubvögel wie Bussarde und Adler, die auch zur Gruppe der Greifvögel zählen. Eulen und Uhus sind Nachtraubvögel. Uhus sind die größte Eulenart.
Rabenvögel wie Eichelhäher, Rabenkrähe, Elster und Dohle sind Allesfresser. Sie haben meist ein schwarzes Gefieder und eine krächzende Stimme. Rabenvögel nisten in Mauerwerk, Bäumen oder Felsspalten. Singvögel haben an ihrem unteren Kehlkopf mehrere Singmuskeln. Damit können sie sehr schön zwitschern. Zu ihnen zählen unter anderem Meise, Sperling und Schwalbe.

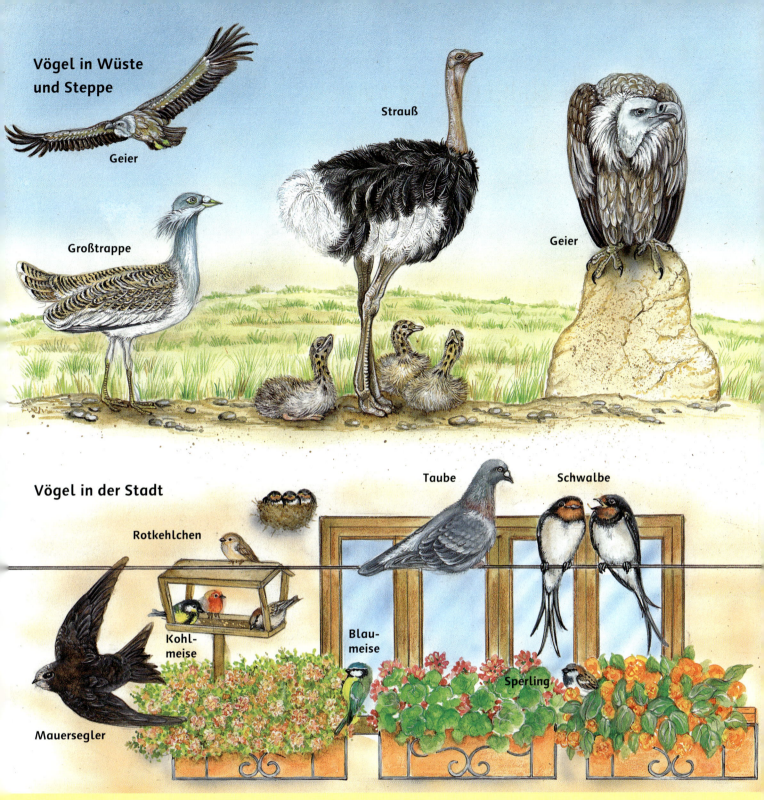

Vögel in Wüste und Steppe

Geier • Strauß • Großtrappe • Geier

Vögel in der Stadt

Rotkehlchen • Taube • Schwalbe • Kohlmeise • Blaumeise • Sperling • Mauersegler

---

Hühnervögel sind gedrungene, meist am Boden lebende Scharrvögel mit kleinem Kopf. Ihre Beine sind kräftig, damit sie gut scharren können. Papageien leben in heißen Ländern. Sie haben einen gekrümmten Schnabel, mit dem sie Samen gut knacken können.

Die Lebensräume der Vögel
In Wald und Hecke leben Auerhuhn, Leierschwanz, Specht, Zaunkönig, Uhu, Meise und Bussard. Ein Vogel des Hochgebirges ist der Kondor. Er hat eine Spannweite von über 3 m. Auch der Adler lebt in Gebirgslandschaften. Er jagt nach Mäusen und größeren Säugetieren.

Vögel der Tropen sind Tukan und Ara. Der Schnabel des Tukans ist größer als sein Körper. In Wüste und Steppe leben Großtrappe, Strauß und Geier. Der Vogel Strauß kann nicht fliegen. Vögel der Stadt sind Mauersegler, Meisen, Rotkehlchen, Sperlinge, Tauben und Schwalben.

Tief im Erdinneren ist es so heiß, dass an manchen Stellen das Gestein schmilzt und sich als Magma in einer Magmakammer (1) sammelt. In dem Magma entstehen Gase, die das glühende Gestein durch die Risse und Spalten (2 und 3) in der Erdkruste nach oben drücken. Trifft es dort auf eine Schwachstelle, durchbricht es die Erdoberfläche und wird durch den Hauptkrater (4) herausgeschleudert. Magma, das an die Erdoberfläche tritt, nennt man Lava (5).

Lavabomben

Vulkane und Erdbeben

Vulkanausbruch

Vulkane brechen mit lautem Getöse aus. Es regnet Asche und Wolken hängen über dem Vulkan. Heiße Lava fließt die Hänge hinunter. Glühende Gesteinsbrocken (Lavabomben) fliegen durch die Luft. Die bergab fließende Lava erkaltet und baut zusammen mit der Asche allmählich den Vulkankegel auf. Wie ein glühend heißer Feuersturm ergießt sich das flüssige Gestein talwärts und verschlingt auf seinem Weg Bäume und manchmal sogar ganze Dörfer.

Häufig entstehen Vulkane, wenn die Erdplatten der Kontinente aufeinander stoßen oder auseinander geschoben werden.
Es bilden sich anschließend Risse im Gestein, durch die das heiße Magma aufsteigen kann.

Aschewolken · Wasserdampf · Lava · Krater · Vulkankegel

Wenn kein Magma mehr vorhanden ist, erlöschen Vulkane. Manchmal erwachen erloschen geglaubte Vulkane aber auch wieder zum Leben. Besonders wenn der Schlot verstopft ist, kann es zu gewaltigen Explosionen kommen. Manchmal wird dann sogar der gesamte Gipfel des Vulkans weggesprengt.

Der Vesuv bei Neapel in Italien ist ein besonders gefährlicher Vulkan. Bereits im Jahr 79 nach Christus begrub er bei einem heftigen Ausbruch die römische Stadt Pompeji unter einer dicken Ascheschicht. Der Vulkan kann jederzeit wieder ausbrechen. Deshalb wird er von Vulkanforschern ständig beobachtet.

Erdbeben
Die Erdkruste besteht aus Platten, die sich bewegen und sich dabei verkanten können. Wenn die Spannung zu groß wird, löst sie sich durch einen Ruck, und der Boden bebt. Besonders häufig sind Erdbeben in Italien, im Iran, in Asien und entlang der Pazifikküste von Amerika.

Wald

Der Wald ist eine große Lebensgemeinschaft aus Tieren und Pflanzen. Hier ist ein mitteleuropäischer Mischwald abgebildet. Nadelbäume haben das ganze Jahr über schmale Blätter. Die Blätter der Laubbäume fallen im Herbst ab.

Wälder bieten nicht nur Nahrung, Erholung und wertvolles Holz. Hier wird auch fast der gesamte Sauerstoff, den wir zum Atmen benötigen, produziert. Die Blätter der Bäume filtern Staub und Schmutz aus der Luft.

Gefahren für den Wald

Durch die Verschmutzung der Luft ist der Wald gefährdet. Schadstoffe aus Autos oder Fabriken gelangen in die Luft. Mit dem Regen fallen sie wieder auf die Erde. Die Bäume werden durch das belastete

Wasser anfällig für Krankheiten und Schädlinge wie den Borkenkäfer.

Tiere im Wald
Der Rothirsch ist der größte Bewohner des Waldes. Füchse und Dachse kommen erst nachts aus ihrem Versteck und gehen auf die Jagd. Waschbären aus Nordamerika leben noch nicht lange bei uns. Am Waldrand und auf dem Waldboden gibt es viele Insekten, Käfer und Kleintiere.

Die Arbeit des Försters
Der Förster sorgt dafür, dass ein Wald gesund bleibt. Er lässt alte und kranke Bäume ausforsten und neue Bäume anpflanzen. Im Frühjahr werden neue Pflanzungen angelegt. Sie müssen eingezäunt werden, weil sich Rehe gerne an jungen Bäumen reiben und sie dabei beschädigen.
In harten Wintern füttert der Förster die Tiere mit Heu, Kastanien und Salz.

Pottwal

Wale

Wale sind Säugetiere, die im Wasser leben. Sie atmen nicht wie die Fische über Kiemen, sondern mit den Lungen. Zum Luftholen müssen sie an die Wasseroberfläche kommen. Manche Wale können bis zu zwei Stunden unter Wasser bleiben. Die großen Tiere gebären lebende Junge und säugen sie. Um sich im kalten Wasser zu schützen, haben sie eine dicke Speckschicht, den Blubber, unter der Haut. An Land können Wale nicht lange überleben. Ihr Gewicht würde sie erdrücken. Wale werden immer noch gejagt und sind in ihrem Bestand bedroht.

Zahnwale und Bartenwale
Wale sind die größten Lebewesen der Erde. Man unterscheidet zwei Arten: Zahnwale

und Bartenwale. Manche Zahnwale sind riesig wie der Pottwal, andere sind kleiner wie der Orca oder der Grindwal. Zahnwale sind meist schnelle und geschickte Schwimmer. Sie ernähren sich von Fischen, Seevögeln, Muscheln, Robben oder Tintenfischen. Zahnwale jagen in Gruppen; sie greifen auch andere Walarten an, zum Beispiel Blauwale.

Bartenwale haben statt Zähnen dicht nebeneinandersitzende Hornplatten im Maul. Sie bestehen aus dem gleichen Material wie unsere Fingernägel. Mit den Barten können die Wale Plankton und kleine Fische aus dem Meer filtern.

Die meisten Bartenwale haben Kehlfurchen. Die Furchen dehnen sich aus, wenn der Wal beim Fressen viele Tonnen Wasser ins Maul nimmt und es durch die Barten wieder hinauspresst. Der Blauwal ist der größte Wal. Er kann bis zu 30 Meter lang und 146 Tonnen schwer werden und ist besonders selten.

Regen

Wasserdampf

Regenwasser speist die Flüsse

Wasser wird gefiltert und fließt unterirdisch zum Meer

Wasserkreislauf

Ohne Wasser gibt es kein Leben auf der Welt. Pflanzen brauchen Wasser, um zu wachsen. Mensch und Tier benötigen es, um zu überleben. Alles Wasser, das als Regen, Schnee oder Hagel vom Himmel fällt, ist Teil eines endlosen Kreislaufes.

Der Kreislauf
Die Sonne erwärmt die Oberfläche von Meeren, Seen und Flüssen. Dabei verdunstet Wasser und steigt als Wasserdampf in die Luft. Aus dem Wasserdampf bilden sich winzig kleine Tröpfchen, die in der Luft schweben. Allmählich verdichten sie sich zu Wolken. Die Wolken werden von Luftströmungen und Winden über die Erde getrieben und nehmen immer neuen Wasserdampf auf. Wenn sie kein neues Wasser mehr aufnehmen können, fällt

aus den Wolken Regen. Ist die Luft sehr kalt, gefriert das Wasser in den Wolken. Es schneit oder hagelt. Das Regenwasser versickert in der Erde oder sammelt sich in den Gewässern. Auf seinem Weg durch die verschiedenen Erdschichten wird das Regenwasser gefiltert und von Schmutzteilchen gereinigt. Es ist dann glasklar und bildet Quellen, die kleine Rinnsale speisen. Diese fließen in Bäche, die wiederum in Flüsse strömen. Nach vielen Kilometern münden die Flüsse schließlich ins Meer. Schon während dieser Reise verdunstet wieder Wasser und der Kreislauf beginnt von Neuem.

Wie kommt das Salz ins Meer?

In den Gesteinen der Erdkruste ist Salz enthalten. Durch Verwitterung wird es freigesetzt und von den Flüssen ins Meer gespült. Dort ist so viel Salz, dass man das gesamte Festland mit einer 150 m dicken Salzschicht bedecken könnte.

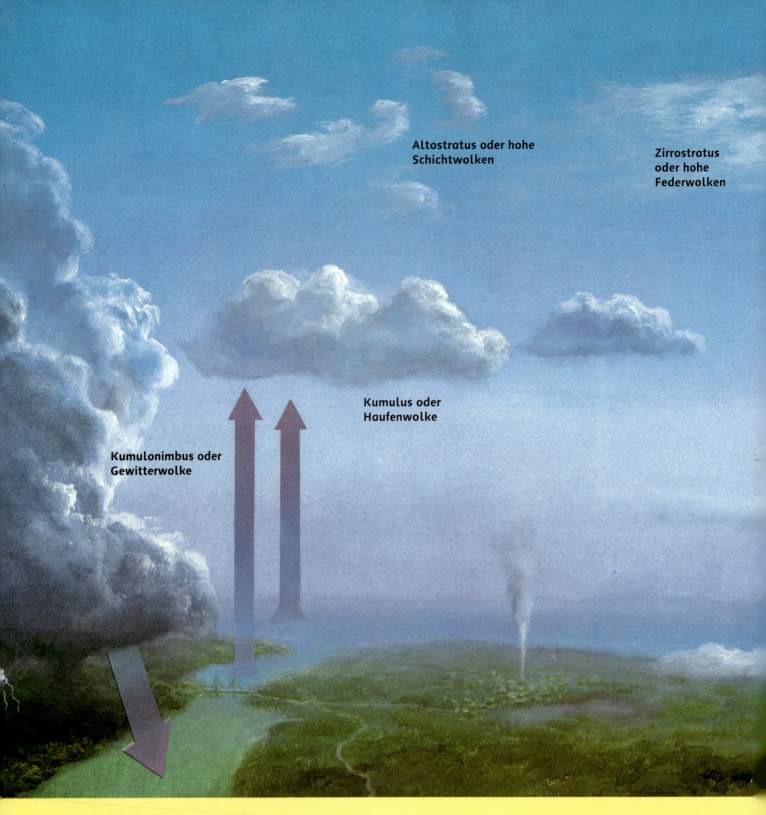

Wetter und Wolken

Innerhalb weniger Augenblicke kann sich bei uns das Wetter ändern. Während eben noch die Sonne schien, ziehen plötzlich Wolken auf. Der Wind frischt auf und bringt heftige Regenschauer mit. Der Grund für das wechselnde Wetter liegt in der Erddrehung und in der Sonne. Die Sonne erwärmt die Erde und die Luft, sodass Luftströmungen und Winde entstehen. Mit der warmen Luft wird über den Meeren auch Wasserdampf aufgenommen. Es bilden sich Wolken. Ein Gewitter entsteht meist an schwülen Sommertagen. Feuchte Warmluft steigt auf. Es bilden sich riesige, blumenkohlähnliche Gewitterwolken. Wassertropfen und Eiskristalle in ihrem Innern fallen als Regen oder Hagel auf die Erde.

Zirrokumulus oder Federhaufenwolken

Altokumulus oder hohe Haufenwolken

Stratokumulus oder Schichthaufenwolke

Nimbostratus oder Regenschichtwolke

Stratus oder Schichtwolke

In Gewitterwolken bilden sich starke elektrische Ladungen. Wird die Spannung zu groß, kommt es zu Funkenentladungen. Das sind die Blitze. Dabei erhitzt sich die Luft. Wenn sie mit der kalten Luft zusammenstößt, donnert es.

So entstehen Wolken

Wenn Wasser verdunstet, bildet sich Wasserdampf, der mit der Luft aufsteigt. Je höher die Luft steigt, desto kühler wird sie. Der Wasserdampf lagert sich an kleine Staubteilchen in der Luft an und bildet Wassertröpfchen. Diesen Vorgang nennt man Kondensation. Eine Regenwolke enthält sehr viele Wassertröpfchen, die miteinander verschmelzen. Irgendwann sind die Tropfen so schwer, dass sie als Regen herabfallen. Wolken werden nach ihrem Aussehen benannt. Es gibt Haufenwolken (Kumulus), Schichtwolken (Stratus) und Federwolken (Zirrus).

Wiese

Vor vielen Hundert Jahren war fast überall bei uns Wald. Der Mensch hat im Laufe der Jahrhunderte große Flächen davon gerodet. Aus dem so entstandenen Brachland wurden Felder, Wiesen und Weiden. Felder werden zum Anbau von Nutzpflanzen wie Weizen und Kartoffeln genutzt. Wiesen liefern das Winterfutter für die Tiere. Weiden sind Flächen, die von Kühen, Schafen und Ziegen selbst abgegrast werden. Wiesen wachsen meistens nur knie- oder hüfthoch. Man mäht sie höchstens ein- bis dreimal im Jahr. Keine Blumenwiese gleicht der anderen. In den Wiesen gibt es erstaunlich viel Leben. Wusstest du, dass sich hier über 3000 Tierarten finden lassen? Überall krabbelt, hüpft und fliegt es. Mit ihrem

süßen Nektar und dem wertvollen Pollen lockt jede Blüte andere Besucher an. Welches Tier an die süße Nahrung kommt, entscheiden die Blütenform und der Rüssel der Insekten.
Margeriten sind besonders leicht zugänglich für Fliegen, Käfer oder Bienen, die nur einen kurzen Rüssel haben. Die Kleeblüte eignet sich bestens für Schmetterlinge, Hummeln und Wildbienen mit einem langen Rüssel. Bei ihrem Besuch bestäuben und befruchten die Tiere die Pflanze, sodass sie Samen bilden kann.
Im Sommer ist die Luft über einer Wiese erfüllt von Summen und Zirpen. Die Grillen machen die lautesten Geräusche, aber auch Heuschrecken bringen ähnliche Töne hervor. Wer genau hinschaut, entdeckt die kleinen Musikanten und Krabbler.
Aus der gestreiften Raupe wird sicherlich einmal ein schöner Schmetterling.

Drachenkopf
Langschiff der Wikinger
Kampfschilde

Wikinger

Zwischen dem 8. und 11. Jahrhundert unternahmen Kriegerscharen aus Norwegen, Schweden und Dänemark mit ihren Langschiffen Raubzüge. Man nannte diese Krieger Wikinger. Die Wikinger hatten keinen König. Sie waren ein Verbund kleiner Gemeinschaften unter der Führung eines Häuptlings. Ab und zu fand ein Thing statt. Das war eine Versammlung, auf der Entscheidungen getroffen wurden. Die Wikinger waren gute Schiffsbauer. In den Langschiffen fanden bis zu 60 Krieger Platz. Sie mussten Ruder und Segel bedienen. Bug und Heck des Schiffes waren hochgezogen. Der Schiffsschnabel war oft mit einem Drachenkopf verziert. Leif Eriksson ruderte um 1000 von Grönland aus los und entdeckte Nordamerika.

Wikingersiedlung

Wikingersiedlungen und Höfe
Manche Wikingersiedlungen waren so groß wie Städte. Die meisten Wikinger lebten jedoch auf Bauernhöfen. Während die Männer auf Raubzügen waren, übernahmen die Frauen die Verantwortung für den Hof. Die Wikinger bauten alles an, was die Familie täglich brauchte.

Die Raubzüge der Wikinger
Der Anblick eines bewaffneten Wikingers muss furchterregend gewesen sein. Sie kämpften mit Streitäxten und Schwertern, aber auch mit Pfeil und Bogen sowie Speeren. Ihre Helme hatten meist einen Augen- und Nasenschutz. Zunächst überfielen die Wikinger nur Küstenstädte, Klöster oder abgelegene Bauerndörfer. Doch schon bald besetzten sie auch Gebiete im Inland. Die Wikinger, die in Russland einfielen, hießen Waräger. Einige Wikinger ließen sich auch in der französischen Normandie nieder. 1066 eroberten die Normannen ganz England.

Nest des Storchs

Bienenwaben

Nest des Schneidervogels

Netz der Kreuzspinne

Ameisenbau

Wohnungen der Tiere

Das Leben von Tieren wird durch bestimmte Verhaltensweisen geprägt. Man nennt dies Instinkt. Das ist der angeborene Drang, auf Reize wie Hunger oder Gefahr mit bestimmten Handlungen zu antworten. Alle Instinkthandlungen dienen der Erhaltung der Art. Dazu gehört zum Beispiel alles, was mit der Fortpflanzung zu tun hat: das Werben um einen geeigneten Partner, das Bauen eines Nestes oder Unterschlupfes, das Brüten und Aufziehen der Jungen.

Tierbehausungen
Bienen bauen sich an Ästen oder in Baumhöhlen Waben aus Wachs. Die Königin legt in die Zellen der Waben ihre Eier. Die ausgeschlüpften Maden werden von den Stockbienen mit Honig und Pollen gefüttert.

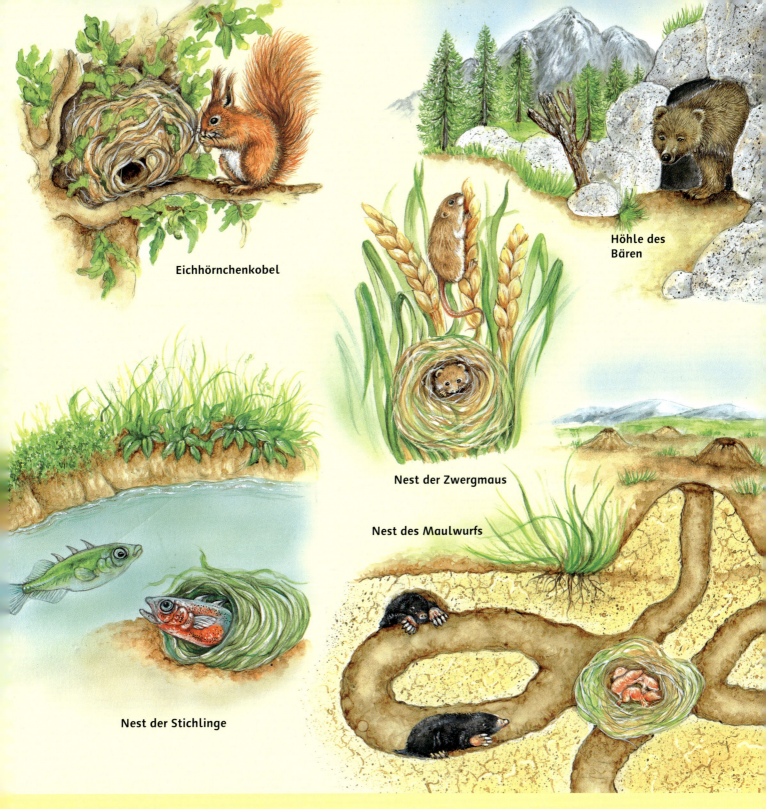

Eichhörnchenkobel

Höhle des Bären

Nest der Zwergmaus

Nest des Maulwurfs

Nest der Stichlinge

Diesen zu sammeln ist Aufgabe der Flugbienen. Ameisen errichten einen Ameisenbau. Er ist durchzogen von Kammern und Gängen. Darin befinden sich die Königin, die Vorräte und die Brut. Der Schneidervogel aus Südostasien „näht" sich mit Baumwollfäden sein Nest aus ein oder zwei großen Blättern. Störche bauen ihre Nester auf Kirchtürmen oder Dächern. Die Kreuzspinne sitzt meist in der Mitte ihres großen Radnetzes. Dort wartet sie auf Beute. Stichlinge bauen sich aus Seegras Nester für ihre Brut. Die runden Nester der Eichhörnchen liegen in den Baumkronen. Man nennt sie Kobel. Im Sommer bauen sich Zwergmäuse Nester mit einem winzigen Eingang. Es hängt an starken Halmen. Wie ein Labyrinth durchziehen die Gänge eines Maulwurfs die Erde. Für seinen Nachwuchs baut er darin ein Nest aus Blättern und Moos. Bären halten in Höhlen Winterschlaf.

Wüste

Ungefähr ein Drittel des Festlandes der Erde besteht aus Wüsten. Da die Luft dort warm und trocken ist, bilden sich keine Wolken. Es fällt fast kein Regen. Darum wachsen dort kaum Pflanzen. So heiß es tagsüber ist, so kalt wird es nachts.

In vielen Wüsten häuft der Wind bis zu 100 m hohe Hügel aus Sand auf. Aber nicht alle Wüsten bestehen aus Sand. Es gibt auch Gesteins- und Schotterwüsten mit Salzseen. Neben diesen Trockenwüsten gibt es Kältewüsten.

Wasser und Nahrung sind sehr knapp. Trotz der lebensfeindlichen Umstände leben Tiere in Wüsten. Manchen von ihnen reicht der Tau der Nacht zum Überleben. Andere trinken vom Wasser, das sie in den wenigen fruchtbaren Oasen finden.

Tagaktive Wüstentiere

Das Dromedar kann sehr lange ohne Nahrung und Wasser auskommen, weil es in seinem Höcker Fett speichern kann. Die Oryxantilope heißt wegen ihrer langen Hörner auch Spießbock. Der scheue Riesenskorpion sticht nur selten mit seinem Giftstachel. Die Sandotter ist eine Giftschlange. Sie ist auffällig gemustert.

Nachtaktive Wüstentiere

Die Klapperschlange lebt in den Wüsten der südlichen USA. Sie jagt nachts nach kleinen Nagetieren. Die Gila-Krustenechse ist eine giftige Echsenart. Die großen Ohren des Fennek hören jedes Geräusch. Die Nahrung der Wüstenspringmaus sind Insekten. Die Tarantel tötet ihre Beute mit dem Giftstachel. Schakale gehen meist zu zweit auf die Jagd. Die Fledermaus orientiert sich durch Echoortung. Der Elfenkauz ist eine der kleinsten Eulen.

Zugtiere

Nonnengänse haben ihre Brutplätze in Grönland und im Russischen Eismeer. Dort nisten sie im Sommer auf Felsen und Geröllfeldern. Im Herbst ziehen sie Richtung Süden. Dabei legen sie mehr als 4000 km zurück.

Zugvögel
Einige Vogelarten wie die Nonnengänse, Stare und Störche fliegen jedes Jahr mehrere Tausend Kilometer, um zu ihren Brutplätzen zurückzukehren. Dabei verirren sie sich nie. Sie orientieren sich auf ihrem Flug in die Heimat an Sonne, Mond und Sternen, aber auch an Landmarken wie Flusstälern, Gebirgen und Meeresküsten. Außerdem verfügen sie über eine Art innere Landkarte, weil sie die magnetischen Kraftlinien der Erde wahrnehmen können.

Nonnengänse

Andere Zugtiere

Buckelwale (1) ziehen auf der Suche nach großen Fischschwärmen oft Hunderte von Kilometern durch das Meer.
Aale (2) werden im Atlantik, in der Sargassosee, geboren. Sobald sie ausgeschlüpft sind, schwärmen sie in alle Teile der Welt aus. Dabei entfernen sie sich bis zu 6000 km von ihrem Geburtsort. Kurz vor ihrem Tod kehren sie dorthin zurück, um wieder zu laichen.

Wanderheuschrecken (3) werden vom Wind getrieben. Alle paar Jahre bilden sich riesige Schwärme, die 20 Stunden fliegen und Strecken von bis zu 5000 km zurücklegen können. Auf ihrem Flug fressen sie ganze Landstriche leer.

Mach mit!

- Rätselschatzkarte
- Gedicht
- Bildersuchrätsel
- Worterklärungen
- Probier's aus!
- Leserätsel
- Internetadressen
- Hast du das gewusst?
- Register

Über die Erde

Über die Erde
sollst du barfuß gehen.
Zieh die Schuhe aus,
Schuhe machen dich blind.
Du kannst doch den Weg
mit deinen Zehen sehen.
Auch das Wasser
und den Wind.

Sollst mit deinen Sohlen
die Steine berühren,
mit ganz nackter Haut.
Dann wirst du bald spüren,
dass dir die Erde vertraut.

Spür das nasse Gras
unter deinen Füßen
und den trockenen Staub.
Lass dir vom Moos
die Sohlen streicheln
und küssen
und fühl
das Knistern im Laub.

Steig hinein,
steig hinein in den Bach
und lauf aufwärts
dem Wasser entgegen.
Halt dein Gesicht
unter den Wasserfall.
Und dann sollst du dich
in die Sonne legen.

Leg deine Wange
an die Erde,
riech ihren Duft und spür,
wie aufsteigt aus ihr
eine ganz große Ruh'.
Und dann ist die Erde
ganz nah bei dir,
und du weißt:
Du bist ein Teil von Allem
und gehörst dazu.

Martin Auer

Worterklärungen

Äquator: Der Äquator ist eine gedachte Linie um die breiteste Stelle der Erde herum. Er teilt die Erdkugel in die nördliche und die südliche Hälfte.

Atmosphäre: Die Gashülle um die Erde herum enthält den Sauerstoff, den wir zum Leben benötigen. Insgesamt ist die Atmosphäre etwa 1000 Kilometer hoch.

Demokratie: So nennt man die Herrschaftsform, bei der die Bevölkerung eines Landes die Regierung durch Wahlen selbst bestimmt. Erstmals in Griechenland stimmte das Volk auf großen Versammlungen über wichtige Entscheidungen ab. Die Mehrheit bestimmte, was geschehen sollte.

Energie: Zur Stromerzeugung nutzt man die Energie, die bei der Verbrennung von Kohle, Erdöl, Erdgas, durch Atom-, Wasser- oder Windkraft entsteht.

Erdachse: Die Erdachse ist eine gedachte Linie, die den Nord- und den Südpol miteinander verbindet.

Erdbeben: Bei einem Erdbeben bewegt sich die Erdoberfläche. Wenn sich die Erdplatten verschieben, kann es zu starken Erdbeben kommen. Der Boden erzittert und Häuser und Straßen können einstürzen.

Fernsehen: Im Fernsehen kann man Kindersendungen, Spielfilme, Tierfilme, Nachrichten oder den Wetterbericht ansehen. Durch das Fernsehen wird man sehr schnell über Ereignisse informiert, zum Beispiel über ein Unglück oder große Sportveranstaltungen.

Fleischfresser: Das sind Tiere, die sich überwiegend vom Fleisch anderer Tiere ernähren, zum Beispiel Hunde, Katzen, Marder oder Bären.

Gewitter: Gewitter entstehen, wenn sehr warme und sehr kalte Luftmassen aufeinandertreffen. In den großen Gewitterwolken bauen sich hohe elektrische Spannungen auf. Sie entlädt sich durch Blitze. Blitze erhitzen die Luft um sich herum so stark, dass sich diese rasch ausbreitet. Das hört man als Donner.

Hieroglyphen: Die Zeichen, die die Ägypter als Schrift entwickelten, sahen aus wie kleine Bilder.

Hochhaus: Hochhäuser werden vor allem in Großstädten gebaut, wo es wenig Flächen für neue Gebäude gibt. Ein Hochhaus hat viele Stockwerke und ist durch Stahlbetonpfähle geschützt gegen Erdbeben oder Orkane. Mit Aufzügen oder über Treppen gelangt man in die einzelnen Etagen. Das höchste Gebäude der Welt ist der Burj Dubai (Vereinigte Arabische Emirate) mit 818 m.

Hydraulik: Die meisten Teile an Baumaschinen bewegen sich hydraulisch. Das Heben und Senken von Bauteilen geschieht mithilfe von Flüssigkeiten, zum Beispiel Öl.

Indianer: Die Ureinwohner von Nord-, Mittel- und Südamerika. Sie lebten in verschiedenen Stämmen über ganz Amerika verteilt. Der Name geht zurück auf Christoph Kolumbus, der irrtümlich annahm, er sei in Indien gelandet, als er Amerika entdeckte.

Internet: Das Internet ist ein weltumspannendes Computernetzwerk. Das Netzwerk verbindet weltweit Millionen von Computern. Über das Internet kann man E-Mails, Musik oder Bilder empfangen oder senden.

Kaltblüter: Kaltblüter sind Tiere, die keine gleichbleibende Körpertemperatur haben. Ihr Blut hat immer die Temperatur der Umgebung. Kaltblüter sind zum Beispiel Reptilien und Amphibien.

Klima: Das Wetter, das über einen längeren Zeitraum an einem Ort herrscht.

Kondensieren: Wasser verdunstet und steigt als Wasserdampf auf. Wenn der Wasserdampf abkühlt, wird er wieder flüssig. Er bildet kleine Tröpfchen, die als Regen zur Erde fallen.

Komponist: Ein Komponist erfindet neue Melodien für Lieder, Orchesterwerke, Opern oder Musicals.

Kontinente: Auf der Erde gibt es sieben Kontinente: Europa, Asien, Afrika, Nord- und Südamerika, Australien und die Antarktis. Die Kontinente liegen auf großen Platten. Sie sind wie große Puzzleteile und bewegen sich ständig. Wenn sie zusammenstoßen, kommt es zu Erdbeben, Vulkanausbrüchen oder Flutwellen.

Kraftwerke: In Kraftwerken wird elektrischer Strom erzeugt. In Kohlekraftwerken wird Kohle verbrannt. Dadurch entsteht Energie, die in elektrischen Strom umgewandelt wird. Dabei werden Abgase freigesetzt, die die Umwelt belasten. Umweltverträglicher sind Kraftwerke, die keine Rohstoffe verbrennen. Wasser- und Windkraftwerke verwandeln die Bewegungsenergie von Wasser und Wind in Strom. In Sonnenkraftwerken wird die Energie der Sonne für die Stromerzeugung genutzt.

Larve: So nennt man das Jungtier vieler Insektenarten, zum Beispiel bei Schmetterlingen. Die Larve sieht anders aus als das erwachsene Tier. Die Larven von Schmetterlingen heißen Raupen, die von Fliegen und Käfern nennt man Maden.

Lebensraum: Überall auf der Erde gibt es ein unterschiedliches Klima: In einigen Gebieten ist es sehr kalt oder sehr heiß, in anderen regnet es häufig oder die Sonne scheint häufig. Regenwälder, Hochgebirge oder Wüsten sind einige der Lebensräume auf der Erde. Tiere und Pflanzen, die in einem bestimmten Lebensraum leben, sind gut an das Klima angepasst und kommen mit dem Angebot an Nahrung aus.

Orchester: In einem Orchester spielen viele Musiker gemeinsam auf unterschiedlichen Instrumenten. Es gibt vier Gruppen von Instrumenten: Streicher, Holzblasinstrumente, Blechblasinstrumente und Schlaginstrumente. Der Dirigent leitet das Zusammenspiel der Musiker.

Pflanzenfresser: Das sind die Tiere, die sich nur von Gras und Blättern von Bäumen und Sträuchern ernähren, zum Beispiel Pferde, Kühe, Giraffen oder Elefanten.

Planeten: Kugelförmige Himmelskörper aus Gestein oder Gas, die um einen Stern kreisen, nennt man Planeten.

Polargebiet: Die Arktis im Norden und die Antarktis im Süden bilden die Pole der Erde. Man nennt sie auch Polargebiete. Dort ist es immer sehr kalt, sodass nur wenige Pflanzen wachsen. Die Tiere sind gut an die Kälte angepasst.

Pyramiden: Die alten Ägypter errichteten die große Bauwerke als Grabmale für ihre Könige, die Pharaonen. Der Erfinder der Pyramiden war der ägyptische Architekt Imhotep.

Radar: Ein Radargerät sendet Wellen aus. Sobald die Wellen auf einen Gegenstand treffen, werden sie wie ein Echo zurückgeworfen. Dieses wird auf dem Bildschirm des Radargerätes als Lichtsignal sichtbar. Daran kann man erkennen, wie weit entfernt ein Gegenstand ist und ob er sich bewegt. Radar wird auf Schiffen und Flugzeugen eingesetzt, um rechtzeitig andere Schiffe oder Flugzeuge erkennen zu können. Es dient auch dazu, Unwetter frühzeitig zu entdecken.

Raketen: Die Raumfahrzeuge, die ins All fliegen, werden von den stärksten Motoren angetrieben, die es gibt. Weltraumraketen haben mehrere Raketentriebwerke, die sogenannten Stufen. Diese werden nacheinander gezündet und abgeworfen, sobald der Treibstoff verbrannt ist.

Raubtiere: So werden Tiere bezeichnet, die andere Tiere jagen und fressen. Dazu gehören zum Beispiel Krokodile, Haie oder Löwen.

Raumfahrt: Mit bemannten Spaceshuttles und unbemannten Satelliten werden das Weltall und seine Planeten erforscht. Manche Forscher halten sich längere Zeit in Weltraumstationen auf. Das sind große Forschungslabors im All, in denen man wohnen kann.

Regenwald: Die tropischen Regenwälder wachsen nur nördlich und südlich des Äquators. Diese Wälder findet man in Süd- und Mittelamerika, Afrika und in einigen Gebieten Asiens. Über die Hälfte der bekannten Tier- und Pflanzenarten leben im Regenwald.

Römisches Reich: Das Reich der Römer war eines der mächtigsten Reiche im Altertum. Auf dem Höhepunkt seiner Macht reichte es von Nordafrika im Süden bis nach Germanien im Norden. Rom war die Hauptstadt des Reiches. Es war im Altertum die größte Stadt der Welt. Die römische Kultur verbreitete sich in ganz Europa. Noch heute kann man römische Bauwerke besichtigen, zum Beispiel Wasserleitungen, Brücken oder große Gebäude.

Satellit: Satelliten werden mit Raketen in die Umlaufbahnen von Planeten geschossen. Manche sind mit Kameras ausgerüstet, mit denen sie Bilder von der Oberfläche der Planeten machen. Diese schicken sie zur Erde. Wettersatelliten liefern Daten über das Wetter. Nachrichtensatelliten übertragen Signale für das Fernsehen oder das Telefon.

Säugetiere: Das sind Tiere, die lebende Junge zur Welt bringen. Die Jungtiere werden von der Mutter mit Milch gesäugt.

Schwerkraft: Kraft, die alle Gegenstände und Lebewesen zur Erdoberfläche zieht. Im Weltall gibt es keine Schwerkraft, deshalb spricht man von Schwerelosigkeit.

Seefahrer: Eine andere Bezeichnung für Seefahrer ist Entdecker. Bedeutende Seefahrer wie Christoph Kolumbus oder Vasco da Gama entdeckten neue Kontinente oder Seewege. Seefahrern wie Fernando Magellan oder James Cook gelangen die ersten Weltumsegelungen. Auch die Wikinger fuhren auf ihren Entdeckungsfahrten über die Meere. Leif Eriksson entdeckte noch vor Kolumbus den amerikanischen Kontinent.

Sonnensystem: Acht Planeten umkreisen die Sonne: Merkur, Venus, Erde, Mars, Jupiter, Saturn, Uranus und Neptun. Sie bilden das Sonnensystem.

Spaceshuttle: Ein Raumfahrzeug, das wie eine Rakete ins Weltall startet und wie ein Flugzeug auf der Erde landet.

Steinzeit: So nennt man den Abschnitt in der Geschichte der Menschheit, in der die Menschen noch kein Metall kannten. Die ersten Menschen stellten einfache Waffen und Werkzeuge aus Stein, Holz oder Knochen her. In Höhlen fanden die Menschen Schutz. Nach der Steinzeit folgten die Bronze- und die Eisenzeit.

Sterne: Sterne sind riesige, heiße Gasbälle wie zum Beispiel die Sonne. Sie strahlen ihre Energie und ihr Licht weit in das Weltall hinaus. Irgendwann erlöschen sie, das heißt sie geben keine Energie mehr ab. Sie erkalten und werden immer kleiner.

Strom: Elektrischer Strom liefert die Energie für viele Haushaltsgeräte, Computer, Radio und Fernseher oder die Straßenbeleuchtung.

Tarnung: Viele Tiere schützen sich vor Feinden durch Farben oder Muster. Manche Tiere nehmen die Farbe von Laub an, wieder andere haben Streifen und Flecken. Ein Zebra ist zum Beispiel in der Herde nur schwer zu sehen, weil sich seine Umrisse in der Vielzahl der gestreiften Tiere verlieren.

Theater: Mit dem Begriff Theater werden Oper, Musical und Operette, Tanz- und Sprechtheater bezeichnet. Auch das Gebäude, in dem die Vorstellungen stattfinden, nennt man Theater.

Tundra: Die Tundra schließt sich südlich an die Polargebiete an. Sie liegt im Norden von Nordamerika, Europa und Russland. Dort ist es so kalt, dass keine Bäume mehr wachsen. In der Tundra gibt es Moose und niedrige Sträucher. Hier leben nur wenige Tiere, zum Beispiel Bären, Schneehasen oder Wölfe.

Umlaufbahn: So nennt man die Bahn, auf der sich ein Himmelskörper um einen anderen herum bewegt. Die Planeten bewegen sich auf Umlaufbahnen um die Sonne, Satelliten umkreisen die Erde. Der Mond bewegt sich ebenfalls um die Erde herum.

Umlaufzeit: Das ist die Zeit, die ein Planet benötigt, um einmal die Sonne zu umrunden. Die Erde braucht dazu 365 Tage.

Verkehrsmittel: Mit Bussen, Straßenbahnen, der U-Bahn oder der S-Bahn kommt man in Städten schnell zum Ziel. Es ist umweltfreundlich, wenn viele Personen mit einem Verkehrsmittel fahren statt jeder mit dem eigenen Auto. Die Verkehrsmittel fahren in regelmäßigen Abständen. Vor dem Zusteigen muss man eine Fahrkarte kaufen.

Vermehrung: Pflanzen vermehren sich, indem sie ihre Samen durch Wind, Wasser oder Tiere verbreiten.

Warmblüter: Warmblüter sind Tiere, deren Körpertemperatur immer gleich bleibt. Vögel und Säugetiere gehören zu den Warmblütern.

Wolkenkratzer: Das ist eine andere Bezeichnung für Hochhäuser. Gemeint ist: Die Häuser sind so hoch, dass sie die Wolken berühren.

Zelle: Alle Lebewesen bestehen aus Zellen. Selbst ein Stück unserer Haut setzt sich aus Millionen von Zellen zusammen. Es gibt Haut-, Muskel-, Knochen- oder Nervenzellen. Der menschliche Körper besteht aus über 100 000 Milliarden Zellen. Wenn eine Eizelle der Frau und eine Samenzelle des Mannes miteinander verschmelzen, entsteht neues Leben.

Probier's aus!

Wassermusik
Fülle in gleich hohe Wassergläser unterschiedlich viel Wasser. Du kannst das Wasser mit Wasserfarben bunt einfärben. Schlage die Gläser vorsichtig mit einem Löffel an. Hörst du, wie unterschiedlich die Töne klingen? Vielleicht erfindest du eine eigene Melodie?

Unterwasser-Lupe
Gegenstände unter Wasser sehen wir nur unscharf. Nimm ein hohes, leeres Marmeladenglas und tauche es bis zur Hälfte unter Wasser – wenn du durch den Boden schaust, siehst du alle Gegenstände darunter scharf.

Schmecken ohne Nase
Hältst du dir die Nase zu, kannst du nicht mehr so gut schmecken. Probiere es aus:

Zungenbrecher

Kannst du diese Zungenbrecher dreimal hintereinander fehlerfrei aufsagen?

Zwei zickige Zebras zetern zwischen zehn zahmen Ziegen.

Gelbe Blumen blühen beim Birnbaum. Blühen beim Apfelbaum blaue Blumen?

Verbinde die Augen und setze eine Wäscheklammer auf deine Nase. Lass dir nacheinander Apfel-, Karotten- und Kohlrabistückchen reichen und esse sie. Errätst du, worauf du gerade kaust?

Blättermuster
Sammle schöne Herbstblätter und lege sie unter ein Blatt Papier. Male mit einem Stift hin und her. Plötzlich erscheint das Muster des Blattes. Weißt du, zu welchem Baum das Blatt gehört?

Fühlweg
Sammle Blätter, Moos, Stöckchen, Steine oder Zweige und lege sie zu einem Fühlweg aus. Schließe die Augen und gehe barfuß über den Weg. Spürst du, über was du gehst?

Münztest
Nimm zwei gleich große Münzen. Lege die eine einige Zeit in heißes Wasser, die andere in den Kühlschrank. Dann legst du dich auf den Rücken und platzierst die Münzen auf deiner Stirn. Fühlen sie sich gleich schwer an? Oder doch nicht?

Versuch's mal
Berühre mit geschlossenen Augen deine Nasenspitze. Dann führe ebenfalls mit geschlossenen Augen deinen linken Ringfinger zum rechten großen Zeh. Hat das geklappt? Kannst du auch deine beiden kleinen Finger hinter dem Rücken aneinanderlegen?

Balance
Kannst du auf einem Bein stehen? Natürlich, kein Problem! Aber versuch es einmal auf einer Matratze oder einem Kissen. Das ist schon schwieriger. Ganz schwierig wird es, wenn du dabei die Augen schließt. Fast jeder kommt da aus dem Gleichgewicht.

Schwimmprobe
Fülle Wasser in ein Glas und gib nacheinander drei bis fünf Haselnüsse und ungeschälte Mandeln hinein. Rühre einmal kräftig um. Was passiert? Du musst ein bisschen Geduld haben, aber dann sinken die Mandeln auf den Grund des Glases. Die fetthaltigen und deshalb leichteren Haselnüsse schwimmen oben.

Farben mischen
Mische die Farben Blau und Gelb, Rot und Blau, Rot und Gelb. Welche Farben entstehen auf deinem Malblock?

Spitzentreffen
Nimm in jede Hand einen Stift und kneife ein Auge zu. Dann streckst du deine Arme aus und führst die beiden Spitzen aufeinander zu, bis sie sich berühren. Gar nicht so einfach!

Regenbogenzauber
Wenn die Sonne scheint, kannst du selber einen Regenbogen zaubern. Stelle dich mit dem Rücken zur Sonne und sprühe mit einem Gartenschlauch feine Tröpfchen in die Luft. Das Sonnenlicht wird durch das Wasser in seine einzelnen Farben zerlegt und ein bunter Regenbogen entsteht.

Temperaturunterschiede
Stelle drei Schüsseln nebeneinander. Fülle in die erste Schüssel sehr warmes Wasser, in die zweite lauwarmes und in die dritte Schüssel Wasser mit einigen Eiswürfeln. Tauche eine Hand in das sehr warme Wasser, die andere in das Eiswasser. Warte ein bis zwei Minuten und tauche dann beide Hände in das lauwarme Wasser. Fühlt jede Hand dasselbe?

Zauberblumen
Weiße Blumen können ihre Farbe ändern. Nimm zwei Fläschchen mit etwas blauer und roter Tinte. Stelle in jedes Fläschchen eine weiße Blume, zum Beispiel eine Tulpe. Nach zwei bis drei Stunden schaust du wieder nach deinen Blumen. Sie haben die Tinte aufgesaugt und dabei ihre Farbe verändert.

Verdunstung
Wasser verdunstet bei hohen Temperaturen. Fülle so viel Wasser in zwei Untertassen, dass der Boden bedeckt ist. Stelle eine Untertasse in den Schatten, die andere in die pralle Sonne. Was kannst du beobachten?

Hören
Stell dich auf den Balkon oder in den Garten und schließe die Augen. Was hörst du? Was riechst du?

Wetterprophet
Stelle einen trockenen und schön aufgefächerten Kiefernzapfen aufrecht auf eine wasserfeste Unterlage. Besprühe ihn mehrmals im Abstand von je einer Stunde mit Wasser aus einer Sprühflasche. Beobachte, was geschieht. Tannen- und Kiefernzapfen schließen sich, sobald die Luft feucht wird und schützen so ihre Samen.

Leserätsel

1. Wohin fliegen die Zugvögel?
   - **T** An den Südpol
   - **W** Nach Afrika
   - **R** An den Nordpol

2. Wo stehen die Pyramiden?
   - **I** In Ägypten
   - **M** In Griechenland
   - **A** In Österreich

3. Wo lebten die Burgherren?
   - **J** Im Verließ
   - **R** In der Vorburg
   - **S** Im Palas

4. Was ist ein Zeppelin?
   - **X** Ein Hubschrauber
   - **S** Ein Luftschiff
   - **B** Ein Ballon

5. Wie schwimmen Wasservögel?
   - **E** Sie haben Schwimmhäute zwischen den Zehen.
   - **Z** Sie haben einen Schwimmkurs gemacht.
   - **Ü** Sie haben sehr schnelle Beine.

6. Was war ein Pteranodon?
   - **N** Ein Flugsaurier
   - **M** Ein Krokodil
   - **O** Ein Hai

7. Welche Uhr zeigt die Zeit am genauesten an?
   - **K** Eine Armbanduhr
   - **P** Die Eieruhr
   - **M** Die Atomuhr

8. Welches ist das größte Tier im Wald?
- S Wildschwein
- I Rothirsch
- E Fuchs

9. Wie heißt der Raum im Theater, wo sich die Schauspieler umkleiden?
- T Garderobe
- V Bühne
- B Orchestergraben

10. Welcher Planet ist unser Nachbar?
- S Venus
- W Sonne
- A Merkur

11. Im Regenwald gibt es …
- I … keine Tiere
- P … die meisten Tiere und Pflanzen
- R … wenig Tiere und Pflanzen

12. Ein Laubbaum …
- F … wirft seine Blätter niemals ab.
- K … wirft seine Blätter bei Regen ab.
- A … wirft seine Blätter im Herbst ab.

13. Warum können Tiere in der Arktis und Antarktis überleben?
- S Sie haben eine Fettschicht und ein dickes Fell.
- U Sie machen sich ein warmes Feuer.
- L Sie trinken heißen Tee.

14. Was ist das Cockpit eines Flugzeugs?
- V Hier wird Kaffee gekocht.
- S Hier sitzt der Pilot.
- C Die Toilette

| | S | | | | I | | | P | | | Lösungswort auf Seite 220 |

Internetadressen

Museen im Internet:

* Links zu Museen im Internet:
www.dhm.de/links.html
* Deutsches Historisches Museum Berlin:
www.dhm.de
* Deutsches Technikmuseum in Berlin:
www.sdtb.de
* Deutsches Museum in München:
www.deutsches-museum.de
* Germanisches Nationalmuseum in Nürnberg:
www.gnm.de
* DB Museum im Verkehrsmuseum Nürnberg:
www.dbmuseum.de
* Naturkundemuseum Senckenberg in Frankfurt:
www.senckenberg.uni-frankfurt.de
* Staatliches Museum für Naturkunde Karlsruhe:
http://www.smnk.de/
* Deutsches Hygiene-Museum Dresden:
www.dhmd.de
* Deutsches Bergbau-Museum in Bochum:
www.bergbaumuseum.de
* Pfahlbaumuseum Unteruhldingen:
www.pfahlbauten.de
* Historisches Kupferbergwerk Fischbach:
www.besucherbergwerk-fischbach.de
* Salzbergwerk bei Berchtesgaden:
www.salzbergwerk-berchtesgaden.de
* Zinngrube Ehrenfriedersdorf:
www.zinngrube.de
* Deutsches Schifffahrtsmuseum:
http://www.dsm.museum/
* Piratenmuseum in Wilhelmshaven:
http://www.piratenmuseum.de/
* Historisches Kindermuseum in Frankfurt am Main:
http://www.kindermuseum.frankfurt.de/
* Schloss Schönbrunn für Kinder:
http://www.kaiserkinder.at
* Das klingende Museum:
http://www.klingendes-museum.de/
* Naturhistorisches Museum Bern:
http://www-nmbe.unibe.ch/

* Sauriermuseum Aathal:
http://www.sauriermuseum.ch/
* Technorama Winterthur:
http://www.technorama.ch/home/
* Naturhistorisches Museum Wien:
http://www.nhm-wien.ac.at/
* Technisches Museum Wien:
http://www.tmw.at/
* Zeppelin Museum Friedrichshafen:
http://www.zeppelin-museum.de
* Staatliches Museum für Naturkunde Stuttgart:
http://www.naturkundemuseum-bw.de/stuttgart/

Suchmaschinen:

* Abacho:
http://www.abacho.de
* AltaVista:
http://www.altavista.de
* Yahoo:
http://www.yahoo.de
* Google:
http://www.google.de
* Lycos:
http://www.lycos.de

Suchmaschinen für Kinder:

* Blinde Kuh:
http://www.blinde-kuh.de
* Milkmoon:
http://www.milkmoon.de
* Trampeltier:
http://www.trampeltier.de
* Spielstraße:
http://www.spielstrasse.de
* Clikks:
http://www.kindercampus.de/clikks/
* Helles Köpfchen:
http://www.helles-koepfchen.de
* super kinder links:
http://www.superkinderlinks.de/
* Kinderinfo:
http://www.kinderinfo.de/
* kids Yahoo:
http://kids.yahoo.com/
* Mininetz:
http://www.mininetz.de/

Magazine online:

* Geolino:
http://www.geo.de/GEOlino/
* Sowieso online Zeitung:
http://www.sowieso.de/zeitung/
* Zzzebra Netz:
http://www.labbe.de/zzzebra/index.asp
* Rabbatz:
http://www.kindersache.de/startseite.htm
* Logo:
http://www.tivi.de/fernsehen/logo/start/index.html
* News 4kids:
http://www.nachrichtenfuerkinder.de/n4k/
* Stopkids Magzin:
http://www.stopkidsmagazin.de/index.html
* Kinderwelt Palkan:
http://www.kinderwelt.palkan.de/
SWR Kindernetz:
http://www.kindernetz.de/
* Sendung mit der Maus:
http://www.wdrmaus.de/
* BR Kinderinsel:
http://www.br-online.de/kinder/
* Löwenzahn:
http://www.tivi.de/fernsehen/loewenzahn/start/index.html
* National Geographic World:
http://www.nationalgeographic-world.de/
* Multikids:
http://www.multikids.de/start
* Internet ABC:
http://www.internet-abc.de/kinder/
* Internet Seepferdchen:
http://www.internet-seepferdchen.de/
* Internauten:
http://www.internauten.de/1.0.html
* Kidsnet:
http://www.kidsnet.at/2Startseite.htm
* Labbe:
http://www.labbe.de/
* Lillipuz:
http://www.lilipuz.de/
Kidsville:
http://www.kidsville.de/
* Splashkids:
http://www.splashkids.de
* Pixelkids:
http://www.pixelkids.de
* Wowalo:
http://www.wowalo.de/
* X&Co:
http://www.xundco.de/

Flugzeuge, Autos, Züge, Schiffe:

* Geschichte der Luftfahrt:
http://www.luftfahrtgeschichte.com/
* Hier kannst du mit Octa, Fabi und Felio die Welt der Autos entdecken:
http://www.autokids.de
* Jede Menge Bilder von Eisenbahnen und Modellbahnen:
http://www.eisenbahnbildarchiv.de/
* Alte Passagierschiffe:
http://www.lostliners.de/

Erde und Weltraum:

* Flieg mit ins Weltall:
http://www.learnweb.de/Weltall/start.htm
* Die Sternwarte Neumarkt für Kids im Netz:
http://www.sternwarte-neumarkt.de/texte/kids/fuer_kids.php
* Viele Bilder des Universums:
http://astro.goblack.de/

Tiere:

* Ein sehr umfangreiches Tierlexikon:
http://www.das-tierlexikon.de/
* Tierlexikon für Kinder:
http://www.kinder-tierlexikon.de/
* Viel Wissenswertes über Dinosaurier:
http://www.dinosaurier-interesse.de/Kinder1.html
* Dinosaurier-Rekorde:
http://www.sfk-oberfranken.de/dinos/din_extr.htm
* Alles über Wölfe:
http://www.wolf-kinderclub.de/
* Pferdeportal:
http://www.kids.pferdeportal-online.de/index-1.htm
* Tierfreund:
http://www.tierfreund.de/
* Storchennest:
http://www.storchennest.de/
* Meisen:
http://www.meisen-cam.de/wissen.html

Natur:

* Die Entstehung des Wattenmeers:
http://schulen.nwn.de/watt/s-1.html
* Im virtuellen Wald-Klassenzimmer lernst du alles über den Buchenwald:
http://ema.bonn.de/wald/
* Der Regenwald:
http://www.abenteuer-regenwald.de/
* Projekt zum Thema Wasser:
http://www.lfr.ka.bw.schule.de/aqua/verzeichn.htm
* Aktive und ruhige Vulkane:
http://www.vulkane.net/junior/vor.html
* Bauernhofnet:
http://www.bauernhof.net
* Kinderportal des Bundesumweltministeriums:
http://www.bmu-kids.de
* Greenpeace for kids:
http://www.greenpeace4kids.de/
* NAJUversum:
http://www.najuversum.de/index.php?action=page&pageid=1000
* OroVerde:
http://www.oroverde.de/kids.html
* Umweltbundesamt für Kinder:
http://www.umweltbundesamt.de/kinder/index.htm
* Umweltkids:
http://www.umweltkids.de/
* Bäume:
http://www.baum-des-jahres.de/
* Naturdedektive:
http://www.naturdetektive.de/2009/dyn/1278.php

Mensch:

* Alles über Blut, Herz und Blutkreislauf:
http://www.mallig.eduvinet.de/bio/blut5/blut5.htm
* Das menschliche Skelett:
http://www.mallig.eduvinet.de/bio/Repetito/skelet1.html
* Die Haut des Menschen:
http://www.geo.de/GEOlino/mensch/873.html
* Ärztekammer:
http://www.kindergesundheitsquiz.de/

Sport:

* Deutscher Fußball-Bund:
http://www.dfb.de/
* Deutscher Sportbund:
http://www.dosb.de/
* Riesiges Angebot für Pferdeliebhaber:
http://www.reiten.de/
* Alles zum Thema Sport:
http://www.sport1.de/

Kunst:

* Onlinekunst:
http://www.onlinekunst.de/tiere/
* Juhser:
http://www.old.uni-bayreuth.de/projekte/juhser/home.html

Hast du das gewusst?

Wusstest du schon, dass …

… ein Elefant so viel wiegt wie acht Autos?

… ein Blauwal so schwer ist wie 25 Elefanten?

… die Erde am Anfang ihrer Entstehungszeit ein Feuerball aus heißer Lava war?

… das kleinste Rad der Welt für medizinische Geräte benutzt wird?

… die Meere fast drei viertel der Erdoberfläche bedecken?

… 1969 der erste Mensch den Mond betrat?

… der Strauß das schnellste auf zwei Beinen laufende Tier der Erde ist?

… die meisten Burgen in Europa stehen?

… Reis das Hauptnahrungsmittel der Menschen in Asien ist?

… die Ägypter 90 Pyramiden errichteten? Auch die Inka in Südamerika bauten Pyramiden mit vielen Stufen.

… ein Straußen-Ei bis zu 1,5 Kilogramm schwer werden kann?

… über 400 Millionen Menschen rund um den Erdball das Internet nutzen?

… schon vor 600 Jahren die ersten Lesebrillen hergestellt wurden?

… manche Zugvögel im Lauf ihres Lebens eine Strecke zurücklegen, die größer ist als der Abstand zwischen Erde und Mond?

… der Gepard das schnellste Tier der Erde ist? Er kann eine Geschwindigkeit von bis zu 120 Kilometer pro Stunde erreichen.

… die Mauern von Burgen mehrere Meter dick sein können?

… die Römer große Gebäude, Straßen und Wasserleitungen bauten? Sie hatten sogar schon Badeanstalten mit heißem Wasser.

… Ägypter, Griechen und Römer an viele verschiedene Götter glaubten?

… die Wikinger so gute Seefahrer waren, dass sie bei ihren Fahrten schon bis nach Amerika vordrangen?

… die verschiedenen Dinosaurier nicht auf allen Kontinenten der Erde lebten? Viele fand man nur in Nordamerika, Afrika und Europa, andere nur in Afrika.

… die Krater auf dem Mond durch Einschläge von Meteoriten entstanden sind?

… die Libelle die größten Augen hat? Sie bestehen aus 40 000 Einzelaugen.

… Tag und Nacht durch die Drehung der Erde um sich selbst entstehen? Auf der Erdseite, die der Sonne zugewandt ist, herrscht Tag. Auf der Seite, die von der Sonne abgewandt liegt, ist Nacht.

… die Erde vor etwa 4,6 Milliarden Jahren entstanden ist?

… die Indianer keine Pferde kannten? Erst die weißen Einwanderer brachten Pferde auf den amerikanischen Kontinent.

… es über 1 Million verschiedener Insektenarten gibt? Das sind mehr als alle Säugetiere, Reptilien, Vögel und Fische zusammen.

… in Europa 40 verschiedene Sprachen gesprochen werden?

Register

A

Aal 57, 191
Abakus 44
Abfertigungshalle 52, 53
Abgase 17, 19, 148
abnehmender Mond 101
Abschussrampe 116, 117
Achse 17, 46
Adler 170, 171
Affe 17, 127, 146
Affenbrotbaum 24, 25
Afghane 78
Afrika 8, 12, 42, 62, 89, 107, 118, 126, 130, 153, 167, 169
Afrikanischer Elefant 43
Aga-Kröte 11
Ägypten 8, 65, 162
Ägypter 9, 44, 86, 128
Ahorn 22
Ähre 62
Airbus A380 54
Akropolis 28
Alamosaurus (Dinosaurier) 39
Albatros 168
Alexander d. Große 65
Alhambra 27
Alligator 146
Allosaurus (Dinosaurier) 38
Alpenapollo 74
Alpendohle 75
Alpenkrähe 74
Alpensalamander 75
Alpenschneehuhn 75
Alpensteinbock 74
Altokumulus (Wolkenform) 181
Altostratus (Wolkenform) 180
Altsaxofon 102
Altsteinzeit 164–166
Amargasaurus (Dinosaurier) 39
Amazonasdelfin 37
Ameise 82, 127, 175, 187
Ameisenbau 186, 187
Amerika 12, 42, 80, 81, 95, 129, 130, 173
Ammenhai 69
Ammonit 40, 59
Amphibien 10
Amundsen, Roald 131
Anakonda 42, 118, 120
Analog-Quarzuhr 163
Ananas 107
Anasazi-Indianer 29
Angkor Wat 28
Antarktis 14, 15, 43
Antenne 49
Antike 125, 132
Antrieb 16, 18, 19, 116
Antriebsmotor 19

Antriebsräder 16
Anubis 9
Apfel 106
Appaloosa 110
Aprikose 106
Aquarellfarbe 48
Aquarium 73
Äquator 43, 84, 85, 118
Ara 12, 13, 170, 172
Araber 110
Arakanga 13
Ararauna 13
Arbeitsschlitten 46
Archimedes 44
Architekt 8, 27, 31
Arktis 14, 15, 25, 42, 70
Artischocke 60, 61
Arzt 31
Äsche 134, 135
Aschewolke 173
Asiatischer Elefant 119
Asien 12, 23, 42, 43, 62, 65, 74, 80, 89, 110, 118, 166, 173
Asseln 158
Atlantik 94, 131, 191
Atlantischer Ozean 42
Atmosphäre 139
Atomkraft 148
Atom-U-Boot 129
Atomuhr 163
Aubergine 61
Auerhahn 74
Auerhuhn 170, 171
Auerochse 88, 166, 167
Augapfel 97
Auge 17, 97
Augustus 125
Ausgleichsgetriebe 17
Auspuff 19
Austernfischer 147, 168
Australien 12, 16, 42, 43, 62
Australischer Grasbaum 24, 25
Auto 16, 17, 31, 47, 51, 67, 161, 174
Autodeck 67
Automechaniker 31
Autotransporter 91
Avocado 107
Azteken 130

B

Baby 58
Bach 56, 57, 179
Bache 175
Bachflohkrebs 57
Bachforelle 57, 134, 135
Bäcker 30, 31
Bahn 18
Bahnhof 144
Balalaika 103

Balladeuse Nr. 9 (Luftschiff) 94
Ballon 94, 95
Ballon von Charles und Robert 94, 95
Ballon von Meusnier 95
Balz 151
Bambus 24
Banane 35, 107
Banjo 103
Banyan-Baum 24
Baobab (Baum) 24, 25
Bär 146, 166, 187
Baritonsaxofon 102

Barten 177
Bartenwal 176, 177
Bartgeier 74
Basilika Julia 124
Basilikum 63
Basilius-Kathedrale 29
Basketball 140, 141
Bassklarinette 103
Batterie 16, 163
Bauchmuskeln 97
Bauer 20, 21, 30, 89
Bauernhof 20, 21, 71, 90, 185
Baum 22, 24, 25, 35, 39, 84, 85, 118, 119, 126, 153, 154, 170, 175
Baumaschinen 26
Baumhöhle 13, 186
Baummarder 175
Baumpython 120
Baustelle 27
Bauwerke 28
Becken (Körper) 96
Becken (Musikinstrument) 102
Beerenobst 107
befruchtete Eizelle 58
Beleuchter (Theater) 156
Bell X-1 (Flugzeug) 55
Bell-Jetranger (Hubschrauber) 54
Benzin 17, 90, 91

Benzinkutsche 47
Benzinmotor 16
Bereitschaftspolizei 115
Bernhardiner 78
Beruf 30
Berufsmusiker 31
Beton 27, 71
Betonmischer 27, 91
Beuteltier 16
Biber 154, 155
Biene 82, 182, 186
Bienenelfe 32
Bienenhonig 82
Bienenwabe 186
Bireme 128
Birke 22, 174
Birkhahn 151
Birne 106
Bisamratte 154
Bison 42
Bizeps 97
Bizepsmuskel 97
Blase 97
Blasinstrument 102
Blätter 22, 23, 25, 39, 63, 84, 85, 174, 187
Blättermagen 89
Blaugrüne Mamba 120
Blattlaus 158
Blauhai 69
Bläuling 83, 183
Blaumeise 171, 174
Blauwal 43, 176, 177
Bleistift 48
Blesshuhn 154, 155
Blindenhund 78
Blindschleiche 87
Blitz 181
Blockflöte 103
Blubber 176
Blume 21, 25, 34, 84, 85
Blumenkohl 61
Blumenwiese 182
Blut 96, 97
Blüte 22, 34, 61–63, 82, 106
Boeing 247 D 54
Boeing 314 Clipper 54
Bogenbrücke 161
Bohnen 113
Bohrer 44
Bongo 103
Bonney, Anne 133
Border Collie 79
Borkenkäfer 175
Borstenwurm 146
Bougainvillea 35
Boxer 78
Brachiopode (Fossil) 59
Brachland 182
Brandenburger Tor 29
Brandgans 147
Bratsche 103
Braunbär 42

211

Braunes Langohr 159
Bremsbacken 17
Bremse 19
Bremsscheibe 17
Brennerventil 95
Brokkoli 61
Brombeere 106, 107
Bromelie 35
Bruchweide 154
Brücke (Bauwerk) 124, 160
Brücke (Flughafen) 52, 53
Brunnenkresse 56
Brustmuskel 97
Buche 22, 175
Buckelwal 42, 191
Büffel 80, 81, 126
Büffelhaut 70
Bug 184
Bugklappe 66, 67
Bühnenarbeiter 157
Bühnenboden 156
Bühnenraum 157
Bullenhai 108
Buntstift 48
Burg 29, 122, 123
Bürgermeister 145
Burgherr 122
Burghof 123
Burgtor 123
Burj Dubai 29
Burmakatze 86
Bus 47, 91
Bussard 170, 171

C
Caesar, Gaius Julius 125
Callcenter 31
Cape Canaveral 116
Carnotaurus (Dinosaurier) 38
Castel del Monte 28, 29
Cello 103
C-Falter 182
Chamäleon 33, 146

Champignon 113
Cheopspyramide 8
Cheyenne 81
Chicoree 60, 61
Chihuahua 78
chinesische Dschunke 128
Chip 45
Chordatiere 146
Clownfisch 32, 33
Cocker-Spaniel 79
Cockpit 52, 53
Collie 78
Commerson-Delfin 42
Computer Z3 45
Concorde 54, 55

Containerfrachter 66, 67
Containerschiff 67, 129
Cook, James 131
Cortés, Hernán 130

D
Dachs 143, 175
Dackel 78
Dahlie 34
Daimler, Gottlieb 47
Dalmatiner 79
Damhirsch 43
Dampf 19, 105, 149
Dampflokomotive 18, 19
Dampfmaschine 44, 45
Dampfmaschinenkutsche 47
Darm 89, 97
Dattel 107
Delfin 36, 42, 146
Desoxyribonucleinsäure (DNS) 45
Deutscher Schäferhund 78
Diensthunde 78
Diesel 90
Diesellokomotive 19
Dieselmotor 16, 18, 19, 66, 91
digitaler Funkwecker 163
Dill 63
Dingo 43
Dinornis maximus (Urzeittier) 167
Dinosaurier 38–40, 59, 87
Dirigent 102, 103
Diskuswerfen 64, 65
Distel 61
Doedicurus (Urzeittier) 167
Dohle 170
Doldengewächs 61
Dompfaffmännchen 174
Dompfaffweibchen 174
Dorsch 135
Downhill 140
Drachenfliegen 141
Drais, Karl von 47
Draisine 46, 47
Drake, Sir Francis 131
Drehleiter 51
Dreirad 47
Dreisprung 65
Dreizehenmöwe 147
Drescherhai 69
Dromedar 42, 188, 189
Druckerpresse 45
Drusenkopf 87
Dschungel 153
Dschunke 70, 71
Dudelsack 103
Dunkelroter Ara 13
Düsenflugzeug 53

E
Ebbe 100, 101, 147
Echopeilung 37
Echoortung 177
Echse 87
Edelweiß 74
Ediacara (Fossil) 59

Edison, Thomas 45
Ei 11, 13, 16, 21, 39, 83, 134, 186
Eiche 22, 175
Eichelhäher 170, 175
Eichhörnchen 22, 142, 143, 146, 187
Eichhörnchenkobel 187
Eidechse 87
Eierstock 58
Eiffelturm 29, 94
Eileiter 58
Einrad 47
Einsatzfahrzeug 50, 114, 115
Einsatzleitzentrale 114
Einspänner 46, 47
Einwohnermeldeamt 145
Eisbär 14, 15, 42
Eisberg 14
Eisvogel 154, 169
Eiswüste 15, 70
Eizelle 58
Elasmosaurus (Dinosaurier) 40, 41
Elch 42
Elefant 126, 146, 167
Elefantenbulle 126
Elefantenherde 126
Elefantenkuh 126, 127
Elektrik 19
elektrische Uhr 163
Elektrolokomotive 19
Elektromotor 18
Elfenkauz 175
Elle 96
Elritze 155
Elster 170
Emu 43
Endmoräne 75
Energie 96, 108, 148, 149
Engerling 92
Englischhorn 102, 103
Entdecker 130
Ente 21, 146, 169
Entenschnabelsaurier 39
Enterhaken 132, 133
Entermesser 132, 133
Entfernungsmesser 44, 45
Erbse 60, 61
Erdbeben 71, 172, 173
Erdbeere 106, 107
Erde 42, 43, 84, 98–101, 108, 116, 117, 136, 138, 139, 178, 180, 190
Erdgas 148
Erdkruste 42, 172, 173, 179
Erdmantel 42
Erdoberfläche 74, 172
Erfindungen 44
Erik der Rote 130
Eriksson, Leif 130, 184
Esche 22
Esel 110
Eule 170, 189
Europa 12, 42, 43, 74, 95, 121, 124, 154, 166, 169
Eurotunnel 160

F
F-117 A Stealth-Fighter Nighthawk (Flugzeug) 55
Fabrik 144
Fagott 102, 103
Fähre 66, 67, 129
Fahrpult 18, 19
Fahrrad 47
Fahrstrom 19
Fährte 142
Fahrwerk 52, 54
Fahrzeuge 46, 47
Farbe 17, 48
Fasan 142, 169
Fata Morgana 104
Faultier 42, 118
Federhaufenwolke 181
Federung 16
Federwolke 181
Feige 107
Feigenkaktus 35
Felchen 134, 135
Felder 182
Feldfrüchte 20
Feldhase 42
Feldheuschrecke 146
Feldmaus 92
Feldsalat 60, 61

Feldskorpion 121
Felswüste 15
Fenchel 61
Fennek 189
Fernseher 49, 90
Fersenbein 96
Feuchtgebiet 150
Feuer 51
Feuersalamander 10, 11, 57
Feuerwehr 50, 51, 144
Feuerwehrauto 91
Feuerwehreinsatz 50
Fichte 23, 174
Filzstift 48
Fingerknochen 96
Finnwal 42
Fisch 10, 30, 36, 41, 57, 67, 69, 73, 109, 134, 146, 154, 168, 169, 176, 177
Fischadler 154, 155
Fischechse 87
Fischer 30
Fischerboot 66, 67
Fischlogger 67
Fischotter 57
Fischsaurier 40
Flamingo 169
Fledermaus 77, 146, 159, 189

Fleisch 21, 88
Fleischfresser 38
Fliege 82, 183

Fliegende Fische 32, 109
Fliegenpilz 113
Floh 82, 83
Florfliege 158
Flöte 102
Flugbiene 187
Flughafen 53, 52
Fluglotse 52
Flugsaurier 40, 41, 87
Flugzeug 52–55, 116
Flugzeugschlepper 53
Fluss 37, 43, 56, 57, 75, 87, 148, 149, 160, 169, 178, 179
Flussbarsch 134
Flussdelfin 37
Flusskrebs 57
Flussperlmuschel 55
Flusspferd 43, 126
Flussuferläufer 57
Flut 100, 101, 147
Flutender Hahnenfuß 56
Flutwelle 101
Flyer der Brüder Wright (Flugzeug) 54
Fohlen 111
Fokker VIIA-3M (Flugzeug) 54
Förster 175
Fortpflanzung 58, 186
Forum Romanum 124
Fossilien 59
Franklin, Sir John 131
Frischling 175
Frischluftzufuhr 148
Frischwassertank 52
Frischwasserwagen 52
Frosch 10, 11
Froschlaich 10
Früchte 12, 22, 35, 85, 106
Frühling 61, 84, 85
Fuchs 15, 142, 143, 175
Fuchsie 35
Fuchsspur 143
Fühlen 97
Fundbüro 145
Fundus 157
Funk 163
Funke 17
Fußball 140, 141
Fußspur 143

G
Galeere 128, 129
Gämse 75
Ganges-Delfin 43
Gangway 52, 53
Gans 21
Gänseblümchen 35, 112
Gänsegeier 75
Garnele 147
Garten 112
Gas 99, 137–139, 172
Gaswolke 99, 136, 138
Gebärmutter 58
Gebirge 23, 42, 74, 190
Geburt 58
Geburtshelferkröte 10, 11
Gecko 33
Gefieder 15, 169, 170
Gehirn 96, 97
Geier 127, 171
Geige 102
Geläuf 142
Gelbbauchunke 10, 11
Gelbbrustara 13
Gelbe Teichrose 155
Gelbrandkäfer 82, 155
Gelenkwelle 17
gemäßigte Zone 43
Gemeinderat 145
Gemüse 21, 60, 61, 112, 113
Gemüsebeet 113

Gemüsesorten 60, 113
Generator 19, 148, 149
Gepard 43, 127
Gerät zur Schallaufzeichnung 45
Geräteturnen 140
Gerste 62
Geruchssinn 68, 77
Geschmacksknospen 97
Gesichtsmuskeln 97
Gestein 42, 74, 132, 172
Gesteinsschicht 42, 59
Gesteinswüste 177
Gestik 156
Getreide 20, 62
Getriebe 16, 17
Geweihschwamm 146
Gewitter 180
Gewitterwolke 180, 181
Gewürze 63
Gewürznelken 63
Geysir 104, 105
Gezeiten 100, 108
Giftnatter 120
Giftschlange 120, 189
Gigantopithecus (Urzeittier) 167
Gigantosaurus (Dinosaurier) 38
Gila-Krustenechse 87, 189
Ginkgo 25
Giraffe 42, 126
Gitarre 103
Gladiatorenkämpfe 28
Glasspiegel 45
Gleichrichter 18, 19
Gleis 18
Gletscher 14, 75
Gletscherzunge 75
Glied (Fortpflanzung) 58
Gliederfüßer 146
Glühwürmchen 159
Gnu 126
Goldhamster 72, 73
Golf 140
Gong 103
Gorch Fock 128, 129
Gorilla 118, 167
Gottesanbeterin 33
Grabkammer 8
Granatapfel 107
Grapefruit 107
Grasfrosch 158
Graureiher 155, 169
Grauwal 43
Greifvögel 170
Griechen 64, 65, 156
Griechenland 64
Grindwal 177
Grönland 130, 184, 190
Grönlandhai 69
Groppe 57
Großer Tümmler 42, 43
Großtrappe 171
Grottenolm 33
Grundfarben 48
Grüne Bohnen 60, 61
Grüner Knollenblätterpilz 113
Grünflügelara 13
Gurke 60, 61
Gürteltier 42, 146, 167
Gutenberg, Johannes 45
Güterzug 18
Gymnastik 140

H
Haarstern 146
Hackbrett 103
Hafen 66
Hafer 62
Hagel 178, 180
Hagia Sophia 28
Hai 68, 146
Hai-Arten 69
Halbmond 101
Halbwüste 35
Halleyscher Komet 99
Hallimasch 113
Halswirbel 96
Hammerhai 69
Hamster 151
Handelsschiff 66, 133
Händler 30, 129
Handwurzelknochen 96
Hansekogge 128
Harfe 102

Hartweizen 62
Hase 15, 142, 143, 146
Haselnussstrauch 175
Haubentaucher 154, 169
Haufenwolke 180, 181
Hauptbühne 156, 157
Hauptkrater 172
Häuptling 77, 184
Hauskatze 86
Hausskorpion 121
Haustier 72, 78, 88
Haut 96, 97
Hebebühne 156, 157
Hecht 134, 135, 154, 155
Heck 184
Heckklappe 67
Hefepilz 113
Heidelbeere 106, 107
Heidelibelle 155
Heilbutt 135
Heilkraut 35
Heilpflanze 118
Heißluftballon 95
Helikon 103
Heliconia 35
Hellroter Ara 13
Hengst 111
Herbst 22, 85, 169, 174, 190
Herbstanfang 85
Hering 135
Heringsmöwe 147
Hermelin 75
Heron 45
Herz 97
Herzmuschel 147
Heyerdahl, Thor 128
Hibiskus 35
Hieroglyphen 9
Himbeere 106, 107, 175
Hirsch 142, 143
Hirschkäfer 82
Hirschkäferweibchen 175
Hirse 62
Hirte 164
Hirtenhund 78
Hirtentäschel 35
Hitzeschutzschild 117
Hochgebirge 74, 170, 171
Hochgeschwindigkeitszug 19
Hochhaus 71, 144, 145
Hochrad 46, 47
Hoden 58
hohe Federwolke 180
hohe Haufenwolke 181
hohe Schichtwolke 180
Höhle 70, 76, 77, 187

Höhlenbär 166
Höhlenfisch 77
Höhlenforscher 74, 77
Höhlenhyäne 166
Höhlenlöwe 166
Höhlenmalerei 77
Höhlenperle 77
Höhlenwohnung 70, 71
Hohltier 146
Holunderbeere 106, 107
Holz 22, 23, 28, 71, 102, 174
Holzhaus, Schweden 71
Holzhaus, USA 71
Honig 186
Hören 97
Hornhecht 135
Hornisse 82
Hubschrauber 54, 55
Hufeisenklee-Gelbling 182
Huhn 21
Hühnervogel 171
Hülsenfrüchte 61
Humboldt, Alexander von 131
Hummel 82, 175, 183
Hund 72, 78, 142, 143
Hunderassen 78
Husky 79
Hütehund 78
Hutpilze 113
Hyäne 126, 127
Hyazinthara 13
Hydrant 51

I
Ibis 168, 169
Ichthyosaurus (Dinosaurier) 40, 41
Ichthyostega (Fossil) 59
Igel 146, 158
Iglu 70
Iguanodon (Dinosaurier) 39
Indianer 70, 80, 81, 130
Indianerstamm 77, 80
Indien 24, 61, 88, 107, 130
Indischer Elefant 43
Indischer Ozean 43, 133
Indonesisches Haus 71
Informatiker 31
Inline-Skates 47
Insekten 11, 34, 56, 82, 92, 146, 154, 155, 168, 175, 189
Insektenarten 82

Instinkt 186
Intercityexpresszug (ICE) 19
Inuit 70
Iris (Auge) 97
Irish Setter 79
Irokese 80

J
Jack-Russel-Terrier 78
Jagdhund 78
Jaguar 118
Jahreszeit 43, 84, 85
Jährling 111
Jazzbesen 103
Johannisbeere 106, 107
Jungsteinzeit 164
Jupitertempel 124

K
Käfer 82, 146, 158, 175, 183
Käferschnecke 146
Kai 67
Kaiman 42, 118
Kaiser 28, 124, 125
Kaiserfisch 108, 109
Kaiserpalast in Peking 29
Kajakfahren 141
Kaki 107
Kalb 88, 89
Kalk 77
Kalkschwamm 146
Kaltblüter 87, 110
Kaltblutpferd 110
kalte Zone 43
Kältewüste 188
Kalzit 77
Kamin 31, 148
Kaminkehrer 30, 31
Kamm-Molch 10, 11
Kampfschild 184
Känguru 32, 146
Kaninchen 72, 73
Kanone 132
Karosserie 16
Karpfen 134, 146, 154, 155
Kartoffel 20, 61, 182
Kastagnetten 103
Kastanie 175
Katalysator 17
Katze 72, 86, 142, 143
Katzenhai 69
Katzenrassen 86
Kaulquappe 10, 155
Kehlfurchen 177
Kellner 31
Kernobst 106
Keyboard 103
Kidd, William 133
Kiefer 23, 175
Kiemen 10, 17, 134, 176
Kindergarten 144, 145
Kino 145
Kipplaster 26, 27, 91
Kipprotor 54, 55

Kirche 144
Kirsche 106, 107
Kiwi 107
Klapperschlange 120, 189
Klarinette 102, 103
Klatschmohn 35
Klavier 102
Klee 34
Kleiner Fuchs 182
Kleiner Schwertwal 43, 176
Klettern 140
Kniescheibe 96
Knoblauch 60
Knochen 68, 96, 164
Knochenhaut 96
Knollenblätterpilz 113
Knorpelfisch 68
Koala 32, 33, 43
Kobra 120
Köcherfliegenlarve 57
Kohle 19, 148
Kohlekraftwerk 148
Kohlgemüse 61
Kohlmeise 171
Kohlrabi 61
Kohlweißling 83
Kokosnuss 25
Kokospalme 24, 25
Kolben 17, 26, 91
Kolbenmotor 54
Kolkrabe 74
Kolosseum 28
Kolumbus, Christoph 129, 130
Komet 98, 99
Kommodo-Waran 87
Komödie 156
Kondensation 181
Kondensator 149
Kondor 170, 171
König 28, 29, 47, 65, 133, 156, 184
Königskobra 120
Kon-Tiki 128
Kontinent 14, 42, 66, 80, 108, 117, 172
Kontrabass 103
Kopffüßer 40
Kopfpanzer 59
Kopfsalat 60, 61

Kopilot 53
Koralle 146
Korallennatter 120
Korallenriff 109
Kornblume 35
Kornett 102
Korntank 20
Kosmische Maschine 162

Kostüm 157
Krabbe 77, 147
Kraftübertragung 16
Kraftwerk 148
Krak des Chevaliers 28, 29
Kralle des Archimedes 44
Kran 27, 66, 67, 91
Kranich 150, 169
Krankenhaus 144
Krankenwagen 50
Krater 173
Krausenhai 68
Kräutergarten 112, 123
Krebs 37, 146, 151, 177
Kreide 48
Kreuzfahrtschiff 129
Kreuzkümmel 63
Kreuzotter 120, 151
Kreuzspinne 121, 186, 187
Krickente 154, 155
Kriechtiere 87
Kriegsschiff 129
Kriegswagen 46
Kriminalpolizei 114
Krokodil 87, 127
Krokus 34
Kröte 10, 11, 152
Kuckuck 174
Kuh 21, 88, 89, 182
Kühler 19, 91
Kühlerlüfter 19
Kühllastwagen 90
Kühlraum 67
Kühlventilator 16, 91
Kulissen 156, 157
Kümmel 63
Kumquat 107
Kumulonimbus (Wolkenform) 180
Kumulus (Wolkenform) 180, 181
Kupplung 16
Kurbelwelle 91
Kürbisgewächs 61
Kurie 125
Kurzhaarrassen 86
Küste 100, 104, 168
Kutsche 46, 47
Kwakiutl 80

L
Labmagen 89
Lachs 57
Landebahn 116
Landschildkröte 87, 146
Landung 52, 116
Langhaarrassen 86
Langschiff 184
Larve 57, 83
Lastenkahn 129
Lastwagen 26, 27, 66, 90, 91
Latschenkiefer 75
Laubbaum 22, 174
Laubfrosch 11, 146, 155
Lauch 60
Laufrad 46
Lava 172, 173

Lavabombe 172
Lebensraum 13, 119, 154, 171
Leber 97
Leberegel 146
Leguan 87
Lehrer 30
Leierschwanz 170, 171
Lemming 15
Lemur 33
Lendenwirbel 96
Lenkgestänge 16
Lenkrad 17
Leopardenhai 69
Libelle 146
Lichtmaschine 16, 19
Lichtuhr 163
Lichtzelle 163
Liebstöckel 63
Lilie 25
Linde 22

Live-Übertragung 49
Lockheed C-130 Hercules (Flugzeug) 55
Lockheed SR-71 Blackbird (Flugzeug) 55
Löffelbagger 26, 27
Lorbeer 65
Löschboot 51
Löschwagen 50, 51
Lotsenschiff 129
Löwe 43, 86, 126, 127
Löwenzahn 34
Löwin 43, 126, 127
Luchs 142, 143
Lufteinlässe 18, 19
Lüfter 18, 19
Luftfilter 16
Luftkissenboot 129
Luftschiff „Graf Zeppelin" 94, 95
Luftschiff 94
Luftschiff Macon 94, 95
Luftschiff R 34 94
Luftschiff von Santos-Dumont 94
Luftschiff Zeppelin NT 95
Lüftung 161
Luftwurzeln 24
Lunge 10, 17, 97, 176
Lurch 10, 154

M
MacMillan, Kirkpatrick 47
Made 186
Magellan, Ferdinand 130
Magen 89, 97
Magma 172, 173
Magmakammer 172
Magnetschwebebahn 18
Mähdrescher 20
Maiasaura (Dinosaurier) 39
Maiglöckchen 174
Maikäfer 82, 92, 159
Mais 20, 80
Majoran 63
Makrele 135
Maler 31
Mammut 59, 165–167
Mammutbaum 23, 25
Mandoline 103
Mangold 60, 61
Mangrove 24
Manta 68, 109
Marco Polo 130
Marder 142, 143
Margerite 35, 183
Marianengraben 108
Marienkäfer 82
Marimbafon 103
Marionettentheater 156
Maschine 19, 20, 30
Mauerläufer 74
Mauersegler 171
Maulesel 110
Maultrommel 103
Maulwurf 92, 93, 107
Maus 72, 73, 92, 151, 171
Mauswiesel 175
McDonnell-Douglas-AV-8B (Flugzeug) 55
mechanische Uhr 162
Meer 14, 36, 42, 57, 69, 108, 168, 169, 178–180, 191
Meeraal 135
Meerengel 69
Meeresdelfin 37
Meeresfisch 134, 135
Meerespflanzen 109
Meeressäuger 177
Meeressaurier 40
Meeresschnecke 147
Meerestiere 109
Meersau 68
Meerschweinchen 72, 73
Meerwasserfisch 135
Megaloceros (Urzeittier) 166
Mehrstufenrakete 116, 117
Meise 170, 171
Melisse 63
Melkstand 21
Melone 107
Menschenaffe 127, 165
Mesa Verde 28, 29
Metamorphose 83
Meteor 98
Meteorit 98, 99
Miesmuschel 146, 147
Milch 21, 88–90
Milchkammer 21
Milchtankwagen 21

Mimik 156
Mischkammer 148
Mischpilze 113
Mischwald 174
Mistkäfer 82
Mittelalter 47, 122, 162
Mittelamerika 13, 42, 118, 131
Mitteleuropa 22, 23
Mittelfußknochen 96
Mittelhandknochen 96
Mittelmeer 43, 124, 132
Mittelohr 96
Mittelsteinzeit 164
Möhre 60, 61, 113
Mond 100, 101, 190
Mondphasen 101
Monterey-Zypresse 23
Montgolfier-Ballon 94
Moor 150, 151
Moorfrosch 151
Moräne 75
Morphofalter 83, 118
Moschee in Djenné 29
Motor 16, 65, 91, 163
Motorantrieb 54
Motorrad 47
Motorroller 47
Mount Everest 74, 108
Mountainbike 140
Möwe 15, 147, 168, 169
Mücke 82
Mufflon 75
Muli 110
Müller 30
Mumie 9
Mundharmonika 102, 103
Murmeltier 75
Muschel 109, 147, 154, 169

Museum 145
Musical 156
Musik 102
Musiker 102, 157
Musikinstrument 31, 102
Musiktheater 156
Muskatnuss 63
Muskeln 96, 97

N
Nachrichtensatellit 49, 117
Nachtfalter 158
Nachtigall 57
Nachtpfauenauge 83
Nachtraubvogel 170
Nachttiere 158
Nacktschnecken 159
Nadelbaum 23, 174
Nährstoff 60, 62
Nahverkehrszug 18

Narwal 14, 43
Narzisse 34
Nase 97
Nasenhai 69
Natronsalz 9
natürliche Tarnung 152
Naturphänomene 104
Navajo 80
Neandertaler 153
Nerven 96
Nervenzellen 97
Nesseltiere 17, 146
Netzauge 82
Netzmagen 89
Neufundländer 79
Neumond 101
Neunauge 146
Niederwild 142
Niedrigwasser 101
Nieren 97
Nilkrokodil 87
Niltal 8
Nimbostratus (Wolkenform) 181
Nonnengans 190, 191
Nordafrika 23, 110
Nordamerika 42, 70, 80, 81, 95, 130, 154, 175, 184
Nordhalbkugel 84, 85
Nordkaper 42
Nördlicher Glattdelfin 42
Nordpol 14, 34, 43, 104
Nordpolarmeer 42, 43
Nordsee 132, 133
Nordwest-Passage 131
Notarzt 50
Nothosaurus (Fossil) 59
Notre-Dame 28, 29
Notruf 50
Notrufsäule 161
Nottunnel 161
Nutzpflanzen 182
Nutztier 72, 88
Nymphensittich 73

O
Oase 104, 188
Oberarmknochen 96
Oberkiefer 96
Oberleitung 19
Oberschenkelknochen 96
Oboe 103
Obst 21, 60, 106
Obstarten 106, 107
Ohr 97
Okarina 102
Ölfarbe 48
Ölkühler 18, 19
Olm 11
Ölnachfüllstutzen 16
Olympia 65
Olympische Spiele 65
Oper 156
Orange 107
Orang-Utan 43, 118, 119
Orca 36, 144, 177
Orchester 31, 102

Orchestergraben 156, 157
Organe 96, 97
Orgel 103
Ornithomimus
  (Dinosaurier) 39
Oryxantilope 188, 189
Osterglocke 34
Ostsee 132, 135
Ozean 74, 108

P
Palas 122, 123
Panda 43
Panflöte 103

Pansen 89
Pantomime 156
Panzernashorn 43
Panzersaurier 39
Papagei 12, 13, 73, 171
Papageienschnabelblume 35
Papaya 107
Pappel 22
Paprika 61, 63
Parasaurolophus
  (Dinosaurier) 39
Parasiten 83, 146
Parkhaus 144
Parthenontempel 28
Passagierflug 52
Passagierflugboot 54
Passagierflugzeug 54
Passagierkabine 52, 53
Passagierschiff 65
Pauke 103
Pavian 126, 127
Pazifik 77, 108, 131
Pazifikküste 173
Pazifischer Ozean 42, 43
Pedalfahrzeug 46, 47
Pelikan 169
Pendel 163
Pendeluhr 163
Penicillin-Pilz 113
Petersilie 63, 113
Pfaffenhütchen 56
Pfahlhaus 70
Pfeffer 63
Pfeiler 160
Pfeilgiftfrosch 10, 11
Pfeilschwanzkrebs 146
Pferd 21, 110, 111, 165
Pferderassen 110
Pfifferling 113
Pfirsich 106, 107
Pflanze 23, 34, 35, 38, 39,
  56, 63, 74, 85, 106, 118,
  178, 188
Pflanzenfresser 39
Pflaume 106

Pfuhlschnepfe 151
Pharao 8, 9, 28
Philosoph 64
Pikkoloflöte 103
Pillendreher 82
Pilot 53
Pilotwal 42
Pilz 113
Pinguin 15, 42, 146, 168
Pinie 23
Pirat 132, 133
Piratenschiff 132, 133
Piratenüberfall 132
Pirol 57
Planet 98, 136, 138, 133
Planierraupe 26, 27
Plankton 177
Planwagen 46, 47
Plattwürmer 146
Pleuelstange 91
Pol 84
Polareis 131
Polarforscher 131
Polarfuchs 14, 42
Polargebiet 14, 15
Polarlicht 104
Polarregion 10, 131
Polizei 114, 144
Polizeihubschrauber 115
Polizeihund 78
Polizist 115
Pollen 183
Polster-Steinbrech 74
Polybios 44
Polynesien 128
Polyp 17, 109, 146
Pony 110
Portugiesische Galeere 32,
  33, 108, 109
Posaune 102, 103
Pottwal 43, 109, 176, 177
Prärieindianer 110
Priester 9
Primärfarben 48
Proszeniumswand 156, 157
Przewalskipferd 110
Pteranodon (Dinosaurier) 41
Pubertät 58
Pudel 78
Puebloindianer 80
Puffotter 120

Puma 42
Pupille 97
Puppentheater 156
Pyramiden 8, 28

Q
Quader 8
Qualle 17, 146
Quastenflosser 32, 109
Quelle 179
Quellmoos 56
Querflöte 103
Quetzalcoatlus
  (Dinosaurier) 41
Quitte 106

R
Rabenkrähe 142, 143
Rabenvogel 170
Rad 16, 19, 46
Radargerät 67
Radarstrahlen 55
Rädertier 146
Räderuhr 162, 163
Radieschen 60, 61

Radio 49
Radnetz 187
Radnetzspinne 121
Rafting 141
Raketenantrieb 116
Raketentriebwerk 117
Rathaus 144, 145
Ratte 73
Raubfisch 135
Raubsaurier 38
Raubtier 127, 142, 166
Raubvogel 152, 170
Raues Hornblatt 154, 155
Raumfahrt 116
Raumfahrtzentrum Cape
  Canaveral 116
Raumfahrzeug 116
Raumkapsel 117
Raupe 83, 183
Raupenfahrzeug 116
Rednerbühne 124
Regenbogen 48, 104, 105
Regenbogenforelle 134, 135
Regenpfeifer 168
Regenschichtwolke 181
Regenwald 13, 118, 119
Regenwurm 92, 146
Regenzeit 25
Reh 142, 143, 174, 175
Reis 62
Reißleine 95
Reizker (Pilz) 113
Renault-Limousine 47

Rennpferd 110
Rennrad 47
Rennskifahren 140
Rentier 15, 165
Reporter 31
Reptilien 38, 87, 120
Requisiten 157
Reservation 81
Rettich 60, 61
Rettichgewächse 61
Rettungshubschrauber 55
Rhamphorhynchus
  (Dinosaurier) 41
Riechen 97
Riesengleitbeutler 32
Riesenhirsch 166
Riesenmuschel 109
Riesenskorpion 188, 189
Riesenvogel 167
Rind 88, 89, 167
Rinderbandwurm 146
Rinderrasse 88
Ringelnatter 120
Ringelwürmer 146
Ringen 64, 65
Ringmauer 123
Rippe 96
Ritterburg 122
Robbe 42
Rochen 68
Rogen 134
Roggen 62
Rohrdommel 150, 153
Rohrkolben 155
Rohrweihe 155
Rokokokutsche 46, 47
Rollschläuche 51
Rollschuhe 47
Rom 124, 125
Römer 46, 125, 156
Römisches Reich 124
Rosenkohl 61
Rosmarin 63
Rosskastanie 22
Rotbarsch 135
Rote Bete 60, 61

Rötelmaus 174
Roter Regen 105
Rotes Ordensband 152
Rotfuchs 43, 174
Rothirsch 175
Rotkehlchen 171
Rotkohl 61
Rübe 20
Ruder 128, 184
Rudern 141
Ruderschiff 128

Rundkopf-Delfin 42
Rundwürmer 146
Rüssel 183
Rüsseltier 167
Russisch-Blau-Katze 86

S
Säbelschnäbler 147
Safran 63
Sägehai 68
Sagrada Familia 29
Saiteninstrument 102
Salamander 10, 146
Salat 21, 113
Salatgewächse 61
Salbei 63
Salz 60, 175, 179
Samen 12, 13, 23, 25, 62, 63, 106, 107, 134, 171, 183
Samenzelle 58
Sandbank 147
Sandklaffmuschel 147
Sandotter 188, 189
Sandtigerhai 69
Sanduhr 162
Sandwurm 147
Sanitäter 50
Santa Maria (Schiff) 129
Sardine 135
Sarkophag 9
Satansröhrling 113
Satellit 49, 116
Satellitenantenne 49
Satellitennavigationssystem GPS 45
Satellitenschüssel 49
Sattelrobbe 15, 42
Sattelzug 91
Sauerstoff 25, 97, 119, 134, 174
Säugetier 16, 36, 127, 146, 171, 176
Säure 89
Savanne 126, 127
Saxofon 102
Schachtelhalm 59
Schädel 96
Schädling 83, 113, 175
Schaduf 44
Schaf 21, 182
Schäfer 30
Schafherde 30
Schakal 189
Schalentier 69, 142
Schalldämpfer 17
Schalmei 103
Scharrvogel 171
Schauspieler 156, 157
Scheide 58
Scheidenmuschel 147
Scheinwerfer 156, 157
Schermaus 150
Schichthaufenwolke 181
Schichtwolke 181
Schienbein 96
Schiff 51, 66, 128, 131, 133

Schildkröte 87
Schilf 150, 153–155
Schimpanse 127
Schlaginstrument 102
Schlange 85, 120
Schlangenstern 146
Schlauch 50
Schlauchrolle 51
Schlauchtrupp 50, 51
Schleiereule 159
Schlepper 129
Schlittschuh 44
Schloss Neuschwanstein 29
Schlüssel 44
Schlüsselbein 96
Schlüsselblume 34
Schmecken 97
Schmelzwasserbach 75
Schmerle 57
Schmetterling 82, 83, 92, 146, 152, 158, 183

Schmetterlingsfisch 108, 109
Schmied 70, 123
Schnabel 12, 13, 168, 169, 171
Schnabeligel 32
Schnabeltier 43, 146
Schnabelwal 42, 176, 177
Schnauzer 78
Schnecke 11, 56, 92, 147, 154
Schneehase 73, 152
Schneidervogel 186, 187
Schnepfe 168
Schnirkelschnecke 93
Schnittlauch 63, 113
Scholle 147
Schotterwüste 188
Schrägseilbrücke 160
Schule 30, 144
Schüler 30
Schulterblatt 96
Schuppe 134, 135
Schutzpolizei 115
Schwalbe 171
Schwalbenschwanz 83, 183
Schwämme 146
Schwan 169
Schwanzlurch 11, 17, 77
Schwarmvögel 73
Schwarze Hauskatze 86
Schwarze Witwe 121
Schwarzerle 56
Schwarzspecht 175
Schwarzspitzen-Riffhai 69
Schwein 21
Schweinswal 42, 176, 177
Schwerguttransporter 91
Schwertfisch 135

Schwertwal 43
Sechsfleck-Widderchen 183
See 43, 73, 87, 135, 154, 160, 178
Seebeben 105
Seefahrer 130
Seefisch 134
Seegurke 146
Seehund 147
Seeigel 146
Seepferdchen 109
Seepocken 147
Seeräuber 132
Seeregenpfeifer 147
Seeringelwurm 147
Seescheide 146
Seeschlange 120
Seeschwalbe 168, 169
Seestern 40, 146, 147
Seevogel 168
Segelboot 66, 67
Segeln 141
Segelschiff 66, 128
Segelschiff, ägyptisches 128
Sehen 97
Sehnen 96
Seilbrücke 160
Seitenbühne 156, 157
Seitenmoräne 75
Sekundärfarben 48
Sellerie 60, 61
Semaphor (Erfindung) 44
Senat 125
Senator 125
Senkrechtstarter 55
Sennenhund 78
Serpent 103
Servicetunnel 161
Siamkatze 86
Silbermöwe 147
Silberweide 56
Silo 21
Singvogel 170
Sinne 97
Sinnestäuschung 104
Sinneswahrnehmungen 97
Sinterbecken 77
Sioux 81
Skelett 59, 68, 96
Skorpion 121
Skorpionenarten 121
Smaragdeidechse 87, 174
Soldatenara 13
Sommer 14, 84, 85, 118, 126, 152, 187, 190
Sonne 39, 48, 84, 99–101, 104, 136–139, 148, 178, 180, 190
Sonnenaufgang 137
Sonnenblume 34
Sonnensystem 136, 138
Sonnenuhr 162
Sonnenuntergang 137
Sopransaxofon 102
Souffleur 157
Souffleurmuschel 157
Sousafon 103

Spaceshuttle 116, 117
Spannerraupe 153
Spargel 60, 61
Specht 170, 171
Speer 165
Speerwerfen 65
Speisefisch 135
Speisemorchel 113
Speisepilze 113
Sperling 171
Spielplatz 144, 145
Spießbock 189
Spinat 60, 61
Spinatgewächse 61
Spinett 103
Spinne 92, 121, 146, 159
Spinnenarten 121
Spinnentiere 121
Spinnerdelfin 36
Spitzmaus 159, 192
Sport 140
Sportarten 65, 140
Sprechfunk 52
Sprechtheater 156
Sprungretter 50, 51
Spulwurm 146
Stachelbeere 106, 107
Stachelhäuter 146
Stadt 144
Stadtteile 144
Stadtstaat 64
Stahl 71
Stahlbeton 27
Stalagmiten 77
Stalaktiten 77
Stammbaum 146
Standesamt 145
Stängelloser Enzian 74
Star 190
Start 52, 116, 117
Startbahn 53
Startrakete 117
Staubwolke 136, 138
Stechmücke 155
Steel-Drum 103
Stegosaurier 39
Steigbügelknochen 96
Steinadler 75
Steinbock 42
Steinbrücke 160
Steinhuhn 74
Steinkauz 174
Steinkeule 165
Steinmetz 8
Steinobst 106, 107
Steinpilz 113

217

Steinzeit 164
Stellwerk 18
Steppe 43, 171
Steppenlandschaft 153
Steppenmammut 167
Stern 138, 139, 190
Sternfrucht 107
Sternschnuppe 98
Steuerelektronik 18, 19
Steuerung 19
Stichling 187
Stiefmütterchen 34
Stier 88
Stierkopfhai 68
Stimmgabel 103
Stinktier 42
Stockschwämmchen 113
Stör 135
Storch 150, 168, 169, 186, 187, 190
Storchenschnabel 35
Störtebeker, Klaus 133
Stoßtrupp 50, 51
Strand 147
Strandkrabbe 147
Straßenbahn 47
Stratokumulus (Wolkenform) 181
Stratus (Wolkenform) 181
Strauß 171
Streitwagen 46
Strohverarbeitung 20
Strom 19, 47, 148
Stromabnehmer 19
Stromerzeugung 148
Stromquelle 163
Stromschnellen 141
Strudelwurm 146
Stute 111
Stutzuhr 163
Suchomimus (Dinosaurier) 38
Südamerika 13, 42, 74, 77, 95, 118, 128, 131
Südamerikanischer Jaguar 118
Südfrüchte 107
Südhalbkugel 84, 85
Südostasien 118, 187
Südpol 14, 34, 43, 104, 131
Sumpf 150, 169
Sumpfdotterblume 35
Sumpfgras 62
Sumpfpflanze 56
Supermarine Spitfire (Flugzeug) 55
Surfbrett 141
Süßwasser 14
Süßwasserfisch 134, 135

T
Tadsch Mahal 29
Tagpfauenauge 83, 182
Tagraubvogel 170
Taipei Financial Center 29
Talarurus (Dinosaurier) 39
Tamburin 103

Tanklastwagen 90, 91
Tankstelle 90, 91
Tankwagen 52
Tapir 42, 118
Tarantel 121, 189
Tarnung (Tiere) 152
Taschenkrebs 147
Tastsinn 77
Taube 171
Taubenschwänzchen 183
Tausendfüßer 146
Technikraum 157
Teich 154, 169
Teichfrosch 11
Teichmuschel 155
Teichrose 155
Telefon 31, 45
Telefongespräch 117
Telefonist 31
Tempel 64, 65, 124, 125
Tempel von Nara 28
Tender 19
Tennis 140, 141
Tenorhorn 103
Tenorsaxofon 102
Termiten 82
Terrarium 73
Teufelsrochen 135
Theater 145, 156, 157
Theaterstück 156

Theaterwerkstatt 157
Thing 184
Thunfisch 135
Thymian 63
Tiefseeanglerfisch 108, 109
Tierart 146, 166
Tiger 43, 86, 152, 153
Tigerhai 68, 69
Tintenfisch 40, 146, 177
Tintling 113
Tipi 70, 81
Tischler 30
Tischtennis 141
Tomate 60, 61
Tordalk 168, 169
Torf 150
Tornado (Flugzeug) 55
Tornado (Naturphänomen) 104, 105
Totenkopfflagge 132, 133
Tower 52, 53
Tragflügelboot 129
Tragödie 156
Tränendrüse 97
Transformator 18, 19, 149
Transrapid 18
Trauermantel 183

Treibstoff 52, 91, 117
Treibstoffkammer 91
Triangel 102, 103
Triceratops (Dinosaurier) 39
Triebwerk 53, 117
Trieste (U-Boot) 129
Trilobit (Fossil) 40, 41, 59
Triumphbogen 125
Trizepsmuskel 97
Trockenwüste 188
Trockenzeit 126
Trommel 102, 103
Trommelschlegel 103
Trompete 102, 103

Tropfstein 76, 77
tropische Zone 43
Tsunami 105
Tuba 102, 103
Tukan 42, 118, 170, 171
Tulpe 34
Tundra 15
Tunnel 160, 161
Tunnelvortriebsmaschine 161
Turbine 148
Turbinenblätter 53
Turbinenrad 149
Türkische Angorakatze 86
Turmspringen 141
Turnhalle 140
Turnierkampf 123
Tyrannosaurus (Dinosaurier) 38

U
Uakari 118
U-Bahn 47
U-Bahn-Tunnel 161
Überschallflug 55
Überschallgeschwindigkeit 55
Übertragungswagen 49
Uferschnepfe 147
Uhr 162, 163
Uhrwerk 163
Uhu 170, 171
Ukulele 103
Ulme 22
Umspannwerk 149
Unechter Dornhai 69
Unfall 51, 115
Unke 10, 11
Unkraut 113
Unterkiefer 96
Unterseeboot 45, 129
Ur 166
Urhai 41
Urknall 139
Urmensch 164
Urwald 13
Urzeit 166
Urzeitfisch 59

Urzeitmensch 164
Urzeittier 166
USA 29, 80, 99, 189

V
Vasco da Gama 130
Verdauung 89
Vergissmeinnicht 35
Verkehrsmittel 47
Verlies 123
Verschmutzung 174
Vibrafon 103
Viertaktmotor 17
Viola 103
Violine 103
Vitamine 60, 106
Vitruv 45
Vogel 12, 15, 16, 53, 56, 73, 85, 92, 107, 142, 154, 167–171
Vogelarten 170, 176
Vogelspinne 121
Vollmond 101
Vorburg 123
Vorhang 157
Vulkan 172, 173
Vulkanausbruch 172
Vulkangebiet 104
Vulkankegel 172, 173

W
Waaguhr 162, 163
Wabe 186
Wacholderbeeren 63
Wachsmalstift 48
Wadenbein 96
Wadenmuskeln 97
Wal 15, 176
Wald 113, 143, 170, 171, 174, 175
Walderdbeere 174
Waldhorn 103
Waldkauz 175
Walhai 68, 69
Walross 15, 42, 146
Wandelndes Blatt 153
Wanderfalke 174
Wanderheuschrecke 191
Warmblutpferd 110
Wärmekraftwerk 148
Waschbär 174, 175
Wasseramsel 57
Wasserdampf 19, 148, 173, 178–181
Wasserflugzeug 54
Wasserfrosch 155
Wasserkraftwerk 148, 149
Wasserkreislauf 178
Wasserläufer 154, 155
Wasserleitung 51, 124
Wassermolch 10
Wasserpflanze 56, 155
Wasserschildkröte 73
Wasserspinne 121
Wasserspitzmaus 57
Wassertrupp 50, 51
Wasseruhr 162

Watt 147
Weberknecht 121
Wehrgang 123
Wehrturm 122
Weichtier 146
Weichweizen 62
Weihrauch 9
Weinbergschnecke 146
Weintrauben 107
Weiße Bohnen 60, 61
Weißkohl 61
Weißkopfseeadler 42
Weißstreifen-Delfin 42
Weißtanne 23, 175
Weizen 62, 182
Wellenreiter 141
Wellensittich 12, 13, 73
Wels 134, 135
Weltall 98, 100, 139

Weltumseglung 131
Wendeltreppe 122
Werkstattgebäude 116
Werkzeug 30, 50, 81, 164, 165

Wespe 82
Westafrika 29
West Highland White Terrier 79
Wetter 180
Wettersatellit 116
Wetterstation 116
Wettervorhersage 117
Wettkampf 65, 140
Wettkampfrichter 65
Wettkampfschwimmen 141
Wettlauf 65
Wiedehopf 169
Wiederkäuer 89
Wiese 92, 112, 182
Wikinger 130, 132, 184, 185
Wikingerschiff 128
Wikingersiedlung 185
Wildbiene 183
Wildblumen 112, 113
Wildfarbene Tigerkatze 86
Wildkatze 86
Wildpferd 80, 81, 110
Wildschwein 43, 142, 143, 175
Windhund 78
Windsurfen 141
Winter 14, 21, 23, 84, 85, 118, 126, 142, 152, 175
Winterschlaf 187
Wirbelsäule 96
Wirbelsturm 105
Wirbeltier 41, 146
Wirsing 61
Wobbegong 69

Wohnturm 122
Wohnwagen 71
Wolf 15, 78
Wolfspinne 121
Wolke 138, 172, 178–181, 188
Wühlmaus 150
Wuerhosaurus (Dinosaurier) 39
Wurfspeer 80, 81
Würgeschlange 118
Wurm 151
Wurzel 23, 25, 48, 63
Wurzelgemüse 61
Wüste 42, 104, 171, 188, 189
Wüstenfuchs 42, 189
Wüstenspringmaus 189

X
Xylofon 103

Y
Yorkshire-Terrier 79

Z
Zahnrad 162
Zahnwal 36, 177
Zaunkönig 170, 171, 174
Zebra 110, 126, 153
Zeder 23
Zehenknochen 96
Zeitmessung 162
Zeitsignal 163
Zeitung 49
Zelle 58

Zement 27
Ziege 182
Zimt 63
Zirbelkiefer 74
Zirrokumulus (Wolkenform) 181
Zirrostratus (Wolkenform) 180
Zirrus (Wolkenform) 181
Zither 103
Zitrone 107
Zitronenfalter 83

Zitronenhai 69
Zucchini 61, 113
Zug 18, 47
Zugbrücke 123
Zugmaschine 20, 91
Zugtiere 190, 191
Zugvogel 84, 85, 190
Zündkerze 17
zunehmender Mond 101
Zunge 11, 97
Zuschauerraum 157
Zwergmaus 187
Zwergplanet 139
Zwergwelde 25
Zwiebel 60
Zwiebelgewächse 60
Zylinder 17, 26

Bibliografische Information der Deutschen Nationalbibliothek:

Die Deutsche Nationalbibliothek verzeichnet diese Publikation
in der Deutschen Nationalbibliografie. Detaillierte bibliografische
Daten sind im Internet über **http://dnb.d-nb.de** abrufbar.

3 2 1   12 11 10

© 2005, 2010 Ravensburger Buchverlag Otto Maier GmbH
Alle Rechte, auch die des auszugsweisen Nachdrucks,
der fotomechanischen Wiedergabe und der Übersetzung,
vorbehalten

Wir danken dem Verlag Beltz & Gelberg für die Abdruckgenehmigung
des Gedichts „Über die Erde" von Martin Auer auf den Seiten 196 und 197
(aus: Hans-Joachim Gelberg (Hrsg.): „Überall und neben dir"
1986 Beltz & Gelberg in der Verlagsgruppe Beltz, Weinheim & Basel)

Texte: Patricia Mennen
Illustrationen: Konrad Algermissen, Cinzia Antinori, Johann Brandstetter,
Lucia Brunelli, Silvia Christoph, Giampietro Costa, Anna Luisa und
Marina Durante, Betti Ferrero, Peter Klaucke, Milada Krautmann,
Filippo Pietrobon, Thomas Thiemeyer, Mariano Valsesia, Raphael Volery
Redaktion: Sabine Zürn

ISBN 978-3-473-55078-4

www.ravensburger.de

Abkürzungen

km = Kilometer
m   = Meter
cm = Zentimeter
t   = Tonnen
kg = Kilogramm
l   = Liter
Mio. = Millionen

Lösungswort von Seite 194/195:
Bilderlexikon

Lösungswort von Seite 206/207:
Wissen mit Spass